DE LA

CÉLÉBRATION DU DIMANCHE,

CONSIDÉRÉE

SOUS LES RAPPORTS DE L'HYGIÈNE PUBLIQUE, DE LA
MORALE, DES RELATIONS DE FAMILLE ET DE CITÉ.

PAR P.-J. PROUDHON.

> Il faut qu'il y ait des assemblées fixes et périodiques
> que rien ne puisse abolir ni proroger, tellement qu'au
> jour marqué le peuple soit légitimement convoqué
> par la loi, sans qu'il soit besoin pour cela d'aucune
> autre convocation formelle.
>
> J.-J. ROUSSEAU, *Contrat social.*

TROISIÈME ÉDITION : 50 CENTIMES.

PARIS,
LIBRAIRIE DE PRÉVOT, RUE BOURBON-VILLENEUVE, 64.

BESANÇON,
BINTOT, IMPRIMEUR-LIBRAIRE, PLACE SAINT-PIERRE.

—

1845.

DE LA
CÉLÉBRATION DU DIMANCHE,

CONSIDÉRÉE

SOUS LES RAPPORTS DE L'HYGIÈNE PUBLIQUE, DE LA
MORALE, DES RELATIONS DE FAMILLE ET DE CITÉ.

PAR P.-J. PROUDHON.

> Il faut qu'il y ait des assemblées fixes et périodiques
> que rien ne puisse abolir ni proroger, tellement qu'au
> jour marqué le peuple soit légitimement convoqué
> par la loi, sans qu'il soit besoin pour cela d'aucune
> autre convocation formelle.
>
> J.-J. ROUSSEAU, *Contrat social.*

TROISIÈME ÉDITION : 50 CENTIMES.

PARIS,
LIBRAIRIE DE PRÉVOT, RUE BOURBON-VILLENEUVE, 64.

BESANÇON,
BINTOT, IMPRIMEUR-LIBRAIRE, PLACE SAINT-PIERRE.

1845.

PRÉFACE.

Le célèbre Bacon fut appelé le Réformateur de la raison humaine pour avoir substitué l'observation au syllogisme dans les sciences naturelles; les philosophes, à son exemple, enseignent aujourd'hui que la philosophie est un recueil d'observations et de faits. Mais, se sont dit à leur tour certains penseurs, s'il existe une vérité et une certitude *philosophique*, il existe aussi une vérité et une certitude *politique*: il y a donc une science sociale susceptible d'évidence, par conséquent objet de démonstration, nullement d'art ou d'autorité, c'est-à-dire d'arbitraire.

Cette conclusion, si profonde dans sa simplicité, si novatrice dans ses conséquences, a été le signal d'un vaste mouvement intellectuel, semblable à celui qui se manifesta dans l'empire romain, à l'époque de l'établissement du christianisme. On s'est mis à la recherche de la *science nouvelle*; et comme l'investigation ne pouvait au début être autre chose qu'une critique, on est arrivé méthodiquement à la négation de tout ce qui compose et soutient la société.

Ainsi l'on a demandé : Qu'est-ce que la royauté ? Et l'on a fait cette réponse : Un mythe.

Qu'est-ce que la religion ?—Le rêve de l'esprit.

Qu'est-ce que Dieu ?—Un X éternel.

Qu'est-ce que la propriété ?—C'est le vol.

Qu'est-ce que la communauté ?—C'est la mort.

Le christianisme avait signalé son entrée dans le monde absolument de même; avant de poser son dogme, il s'était dit :

Qu'est-ce que César ?—Rien.

Qu'est-ce que la république ?—Rien.

Qu'est-ce que Jupiter ?—Rien.

Qu'est-ce que la noblesse, la philosophie, la gloire ?—Rien.

La négation commencée contre la société antique par le christianisme, se poursuit donc contre le christianisme; et l'on annonce que la vérité nous apparaîtra seulement après que nous aurons tout démoli. Quand est-ce donc qu'il ne restera plus rien ?

Mais, si le présent et le passé ne peuvent nous donner la vérité dans sa forme essentielle, ils la contiennent substantiellement, puisque la vérité est éternelle, et qu'éternellement elle se manifeste. C'est donc encore dans les institutions détruites ou sur le point de disparaître, comme dans les faits que chaque jour fait surgir à nos yeux, que nous devons chercher le vrai en soi, la contemplation face à face de l'absolu, *sicuti est facie ad faciem*.

Parmi les monuments de l'antiquité, la législation de Moïse est sans contredit celui qui a le plus occupé les méditations des savants. Quant à nous, la sublimité du système mosaïque nous étonnerait, peut-être, si nous ne savions qu'en vertu des lois de l'entendement humain, toute idée primitive étant nécessairement universelle, toute législation primitive a dû être un sommaire de la philosophie, un rudiment de la connaissance. Ce que l'on a pris pour profondeur et inspiration divine dans Moïse et les autres législateurs de l'antiquité, n'était, pour le fond, qu'intuition générale et conception aphoristique ; quant à la forme, c'était l'expression vive et spontanée des premières aperceptions de la conscience.

Mais comment le Sabbat devint-il, dans la pensée de Moïse, le pivot et le signe de ralliement de la société juive ? Une autre loi de l'intelligence nous l'expliquera.

Dans la sphère des idées pures, tout s'enchaîne, se soutient, se démontre, non pas selon l'ordre de filiation, ou de principe à conséquence, mais selon l'ordre de coexistence ou coordination des rapports. Ici, comme dans l'univers, le centre est partout, la circonférence nulle part ; c'est-à-dire, tout est à la fois principe et conséquence, axe et rayon. Moïse, ayant à formuler par voie de déduction l'ensemble de ses lois, était libre de choisir pour point culminant de son système telle idée économique ou morale qu'il eût voulu. Il préféra la division hebdomadaire du temps, parce qu'il lui fallait un signe sensible et puissant qui rappelât sans cesse les hordes à demi sauvages d'Israël aux sentiments de nationalité, de fraternité et d'unité, sans lesquelles tout développement ultérieur était impossible. Le Sabbat fut comme le champ de réunion où devaient se porter en esprit tous les Hébreux, au commencement de chaque semaine ; le monument qui exprimait leur existence politique, le lien qui embrassait le faisceau de leurs institutions. Ainsi droit public et civil, administration municipale, éducation, gouvernement, culte, mœurs, hygiène, relations de famille et de cité, *liberté*, *ordre public*, le Sabbat supposait toutes ces choses, les fortifiait et en constituait l'harmonie.

On a reproché à l'auteur de ce discours d'avoir prêté à Moïse des vues qui pouvaient n'avoir point été les siennes : reproche dépourvu de raison. Il s'agit bien moins aujourd'hui de savoir ce que pensait de ses lois l'individu qui en fut auteur, que de connaître l'esprit même de sa législation. Assurément Moïse ne songeait ni aux catholiques ni aux protestants ; cependant, telle fut la vigueur de l'institution du Sabbat, que des Juifs elle a passé aux chrétiens et aux mahométans; que de ceux-ci elle s'est étendue sur tout le globe; qu'elle survivra à toutes les religions, embrassant dans son vaste sein les temps anté-historiques et les âges les plus reculés.

On ne saurait dire ce qui fit imaginer la division du temps par semaines. Elle naquit sans doute de ce génie spontané, sorte de vision magnétique, qui découvrit les premiers arts, développa le langage, inventa l'écriture, créa des systèmes de religion et de philosophie : faculté merveilleuse, dont les procédés se dérobent à l'analyse, et que la réflexion, autre faculté rivale et progressive, affaiblit graduellement sans pouvoir jamais la faire disparaître.

Aujourd'hui que les questions de travail et de salaire, d'organisation industrielle et d'ateliers nationaux, de réforme politique et sociale, occupent au plus haut degré l'attention publique, on a cru que l'étude d'une législation dont la théorie du *repos*, si l'on peut ainsi dire, forme la base, pouvait être utile. Rien de pareil au Sabbat, avant et depuis le législateur du Sinaï, ne fut conçu et exécuté parmi les hommes. Le Dimanche, Sabbat chrétien, dont le respect semble avoir diminué, revivra dans toute sa splendeur, quand la garantie du travail aura été conquise, avec le bien-être qui en est le prix. Les classes travailleuses sont trop intéressées au maintien de la fériation dominicale, pour qu'elle périsse jamais. Alors tous célébreront la fête, bien que pas un n'aille à la messe : et le peuple concevra, par cet exemple, comment il se peut qu'une religion soit fausse, et le contenu de cette religion vrai en même temps ; comment philosopher sur le dogme, c'est faire acte de renoncement à la foi ; comment transformer une religion, c'est l'abolir. Les prêtres, avec leurs tendances scientifiques, marchent à cette conclusion fatale : qu'ils nous pardonnent de les avoir devancés, et ne nous refusent pas la bénédiction de la tombe, parce que nous sommes arrivés les premiers au tombeau de la religion.

DE LA

CÉLÉBRATION DU DIMANCHE.

―――※―――

« Souviens toi de sanctifier le jour du repos.

« Six jours tu travailleras, et feras tous tes ou-
» vrages.

» Mais le septième jour est le repos de l'Éternel :
» ce jour-là tu ne feras aucune œuvre, ni toi, ni ton
» fils, ni ta fille, ni ton serviteur, ni ta servante,
» ni ton bétail, ni l'étranger qui habite entre tes
» portes.

» Car en six jours l'Éternel a fait le ciel, la terre,
» la mer, et tout ce qu'ils contiennent, et il s'est
» reposé le septième jour : voilà pourquoi l'Éternel
» a consacré et béni le jour du repos. »

Tel est le texte littéral du quatrième paragraphe du premier article de la Charte donnée aux Hébreux par Moïse, et connue sous le nom de DÉCALOGUE (1).

Il s'agit de pénétrer l'esprit, les motifs et le but de cette loi, ou, pour mieux dire, de cette institution, que Moïse et les prophètes regardèrent toujours

―――――――――――――――――――

(1) Dans nos catéchismes, la division du Décalogue est différente de celle qui est ici présentée. Selon l'hébreu le premier
commandement enseigne l'*unité* de Dieu ; le deuxième défend
la fabrication des images ; c'est une loi politique et toute de
circonstance. Ces deux commandements ont été confondus en un
seul. Le troisième défend de *prendre le nom de Dieu en vain*;
cette défense est en même temps politique et religieuse, et tout-
à-fait dans les mœurs de l'antiquité. On reconnaît ici cette *foi*

comme fondamentale, et à laquelle on ne trouve rien de semblable chez tous les peuples qui ont eu une législation écrite ; institution dont les plus célèbres critiques, Grotius, Cunéus, Spencer, dom Calmet, l'abbé de Venco, le P. Berruyer, Bergier, etc., n'ont pas saisi toute la portée ; dont Montesquieu n'a point parlé, parce qu'il ne la comprenait pas ; que J.-J. Rousseau semble avoir pressentie, quoique sa pensée en fût encore loin ; institution, enfin, dont notre génie moderne, avec toutes ses théories sur le droit politique et civil, avec ses raffinements de constitutions et ses velléités de liberté et d'égalité, n'a jamais atteint la hauteur.

On sait que, dès les premiers temps du Christianisme, la célébration du repos hebdomadaire fut transférée du samedi, ou jour de Saturne, au lendemain, jour du Soleil ; et que, dans la pensée des apôtres, il ne devait exister, entre le sabbat mosaïque et le dimanche chrétien, d'autre différence qu'un retard de vingt-quatre heures. Le jour de la solennité fut transféré pour deux raisons : pour honorer la résurrection du Christ ; et pour séparer radicalement les deux religions. Du reste, ni la chose ni l'esprit n'étaient changés ; l'obligation et la destination du précepte restaient les mêmes : l'intention des réformateurs, en cela disciples fidèles de leur maître,

---

punique, à qui les imprécations et les serments ne coûtent rien ; Moïse ordonna que le serment par Jéhovah serait inviolable. Ce précepte est pour nous le deuxième ; il commande, dit-on, d'éviter *les paroles sales et les jurements*. Le quatrième commandement regarde le sabbat. Le dixième (pour nous le septième), concernant la convoitise, a été partagé en deux afin de conserver le nombre 10. C'est d'une part, la défense de désirer la femme du prochain : de l'autre la défense de désirer son bœuf ou son âne, etc. Mais dans Moïse cette distinction n'existe pas.

ne fut jamais d'abolir l'ancienne loi, mais de la compléter.

Si donc je parvenais à établir que l'objet du législateur juif, en ce qui concerne la fériation du septième jour, était quadruple; que cet objet, tout à la fois *civil*, *domestique*, *moral* et *hygiènique*, était par conséquent le plus vaste, le plus universel que pût embrasser la pensée d'un fondateur de nation; si je montrais ensuite d'après quels principes d'une philosophie inconnue à notre âge fut conçu le quatrième commandement, quelle en était la sanction, quelles devaient en être les conséquences pour la destinée du peuple, j'aurais, je crois, satisfait à toutes les conditions du problème proposé; et tout en manifestant la sublimité des institutions de Moïse, j'aurais atteint la profondeur de la question que j'examine.

Il est presque inutile d'avertir que j'envisage sous le point de vue purement humain tous les faits relatifs à la religion juive ainsi qu'à la religion chrétienne : on n'est plus aujourd'hui suspect de religiosité, parce que l'on découvre des choses raisonnables dans une religion.

I.

Il est rare qu'une loi puisse être bien entendue et appréciée à sa juste valeur, si l'on se borne à la considérer à part, et indépendamment du système auquel elle se lie : c'est là un principe de critique législative qui n'est contesté par personne, et ne souffre guère d'exceptions. Comment se fait-il que cette règle ait été si mal suivie pour les lois de Moïse, que personne encore n'ait songé à en présenter l'ensemble? Je n'excepterai pas M. Pastoret lui-même, dont le travail sur la législation de Moïse semble avoir été composé sous la dictée de rabbins qui auraient voulu se moquer du disciple. Comment, dis-je, aucun publiciste n'a-t-il seulement essayé de remonter cette machine gouvernementale, d'en faire voir le jeu, de montrer la corrélation des parties avec le tout, et leur exacte proportion entre elles? On s'est livré à des recherches minutieuses sur les lois de Lycurgue ; on a épuisé pour elles toutes les ressources de l'érudition ; à force de sagacité et de critique, on est parvenu à donner une idée, sinon complète, du moins approchée, de l'état politique des Lacédémoniens. Le même travail sur Moïse était bien plus facile ; la plupart des matériaux existent ; et, pour reconstruire l'édifice, il ne s'agit que d'en rajuster les fragments dispersés.

On aurait peine à croire à une telle insuffisance de la part des commentateurs, si les causes ne s'en trouvaient consignées dans leurs écrits. Selon les rabbins, il ne faut pas chercher aux lois juives d'autre raison que la volonté autocratique de Dieu, d'autre motif qu'un *sic volo sic jubeo* absolu, lequel n'admet ni examen ni contrôle. C'est une impiété de sonder les voies de la Divinité : l'obéissance, pour être méritoire, doit être aveugle ; la soumission à la loi perd tout son prix, dès qu'elle est accompagnée de science. Cette absurde opinion est même si ancienne et si profondément enracinée parmi eux, que lorsqu'un pharisien, fils de pharisien, et disciple du plus habile d'entre les pharisiens, saint Paul, vint proclamer à la face de la nation cet aphorisme hérétique, *Rationabile sit obsequium vestrum*, « Que votre obéissance soit raisonnable, » une révolution s'opérait dans la religion.

D'un autre côté, Moïse ne s'est point étudié à

élever un monument didactique; il n'a pas voulu faire une théorie. Jamais il ne s'explique sur ses principes. Les besoins du peuple réclamaient un réglement, Moïse rendait un oracle. Une question de droit se présentait à résoudre, il dictait une loi. Mais malgré cette incohérence de rédaction, il ne faut pas s'imaginer que son plan de législation fût aussi décousu que nous apparaît aujourd'hui le recueil de ses décrets, et qu'il n'eût pas sans cesse présente à l'esprit l'idée archétype du système le plus simple et le plus magnifique. Le Décalogue est l'expression réduite et comme la formule la plus générale de cette foule d'ordonnances de détail éparses dans le Pentateuque. Le nombre même des commandements du Décalogue et leur série n'ont rien de fortuit : c'est la genèse des phénomènes moraux, l'échelle des devoirs et des crimes, fondée sur une analyse savante et merveilleusement développée.

COMMANDEMENTS.	CRIMES ET DÉLITS.	VERTUS ET DEVOIRS.
1er, 2e, 3e, 4e	1. Impiété.	1. Religion, patrie.
5e	2. Parricide.	2. Piété filiale, obéissance, discipline.
6e	3. Homicides, blessures, etc.	3. Amour du prochain, humanité.
7e	4. Luxure.	4. Chasteté, pudeur.
8e	5. Vol, rapine.	5. Egalité, justice.
9e	6. Mensonge, parjure.	6. Véracité, bonne foi.
10e	7. Concupiscence.	7. Pureté du cœur.

Quel magnifique symbole ! quel philosophe, quel législateur que celui qui a établi de pareilles catégories, et qui a su remplir ce cadre ! Cherchez dans tous les devoirs de l'homme et du citoyen quelque chose qui ne se ramène point à cela, vous ne le trouverez pas. Au contraire, si vous me montrez quelque part un seul précepte, une seule obligation irréductible à cette mesure, d'avance je suis fondé à déclarer cette obligation, ce précepte, hors de la conscience, et par conséquent arbitraire, injuste, immoral. On a épuisé toutes les formes de l'admiration et de l'éloge à propos des catégories d'Aristote ; on n'a pas dit un mot des catégories de Moïse. Ce n'est pas moi qui en ferai le parallèle.

Appuyée sur ses bases certaines, l'œuvre de Moïse s'élève comme une création de Dieu : unité et simplicité dans les principes, variété et richesse dans les détails. Chacune des formules du Décalogue pourrait devenir le sujet d'un long traité : je n'aurai pas même à en approfondir une seule. L'ordonnance sabbatique n'est qu'une section de la première loi, dont elle forme le quatrième paragraphe.

« Il faut, dit J.-J. Rousseau (*Contrat social*),
» qu'il y ait des assemblées fixes et périodiques, que
» rien ne puisse abolir ni proroger, tellement qu'au
» jour marqué le peuple soit légitimement convoqué
» par la loi, sans qu'il soit besoin pour cela d'aucune
» autre convocation formelle. »

Ce que Rousseau demandait, dans le but unique de forcer le peuple à se montrer de temps en temps dans l'appareil de sa majesté, et à faire ainsi acte de souverain, Moïse l'ordonna, non pour réunir une assemblée délibérante : sur quoi eût-on délibéré ? Nul droit à revendiquer, nul privilège à détruire : toutes les affaires privées ou publiques devaient se traiter en vertu des principes constituants et par une espèce d'algèbre casuistique. La merveille des temps modernes, le vote par assis et levé sur des questions qui ne se peuvent résoudre que par la science et l'étude, la prépondérance des majorités, en un mot, aurait paru alors souverainement absurde. Les lois comme les institutions, fondées sur l'observation de la nature et déduites des phénomènes moraux de la même manière que les formules d'un traité de physique le sont des phénomènes des corps, étaient immuables ; et il y avait peine de mort contre quiconque eût proposé d'y changer ou retrancher. Pour les cas extraordinaires, les anciens se réunissaient d'eux-mêmes sur la place publique; on n'attendait pas au sabbat. Le gouvernement des Hébreux n'était point, comme quelques-uns l'imaginent, une *démocratie* à la manière du *Contrat social;* ce n'était pas non plus une *théocratie*, dans le sens de *gouvernement des prêtres*. Moïse, fondant sa république en faisant jurer au peuple d'être fidèle à l'*Alliance*, n'avait point soumis son ouvrage au jugement de la multitude : le juste en soi, le vrai absolu, ne peuvent être l'objet d'une acceptation ni d'un pacte. Libre, à ses risques et périls, d'obéir à la voix de sa conscience, l'homme n'a point été appelé à transiger avec elle : tel le peuple juif était soumis à la loi. Quant au sacerdoce, nous verrons plus tard ce que c'était.

Moïse savait que l'homme, bien que né pour la société, est dominé souvent à son insu par un instinct farouche qui le porte à l'isolement ; il savait que la raison, l'intérêt, l'amitié même ne suffisent pas toujours pour vaincre sa paresse naturelle; que la souffrance et le travail, loin de le rapprocher de ses semblables, l'en écartent, et que sa sombre tristesse s'accroit encore de l'énergie de sa pensée et de ses silencieuses contemplations. Qui plus que le pasteur d'Horeb devait être disposé à absoudre l'homme solitaire? pendant quarante années, seul avec son génie, toujours absorbé dans l'infini, ne conversant qu'avec les bêtes, il avait goûté toutes les délices et toutes les amertumes de la méditation ; son âme, exaltée par de continuelles extases, s'était fait de l'enthousiasme comme une habitude. Et tout à coup l'anachorète du désert s'était dit : L'homme n'est point fait pour vivre seul, il se doit à ses frères : la vie intérieure n'est pas de ce monde; sur cette terre il faut de l'action. Et il était parti aussitôt : Israël avait un libérateur.

Ce que Moïse voulait donc pour sa jeune nation, ce n'étaient ni des comices, ni des champs de mai, ce n'étaient point des rassemblements et des foires ; ce n'était pas seulement l'unité du gouvernement, ni la communauté des usages : tout cela est conséquence plutôt que principe ; c'est le signe, non la chose. Ce qu'il désirait créer dans son peuple, c'était une communion d'amour et de foi, une fusion des intelligences et des cœurs, si je puis ainsi dire ; c'était ce lien invisible, plus fort que tous les intérêts matériels, que forment entre les âmes l'amour de la même patrie, le culte du même Dieu, les mêmes conditions de bonheur domestique, la solidarité des destinées ; les mêmes souvenirs, les mêmes espérances. Il voulait, en un mot, non pas une agglomération d'individus, mais une société vraiment fraternelle.

Mais pour soutenir ce sentiment social qu'il s'agissait de faire naître, il fallait quelque chose de sensible; pour que le symbole fût efficace, il fallait enchaîner les consciences. Le jour du sabbat, les fils demandaient à leurs pères : « Pourquoi ces fêtes, » ces cérémonies, ces mystères, que Jéhovah notre » Dieu a institués ? » Et les pères répondaient à leurs fils : « Nous fûmes esclaves d'un Pharaon égyptien,

» et Jéhovah nous tira d'Egypte par la force de
» son bras.....? il nous conduisit dans cette terre
» qu'il avait juré de donner à nos pères..... Voilà
» pourquoi il institua toutes ces solennités, té-
» moignage de notre reconnaissance et gage de no-
» tre prospérité future. » Remarquons ces dernières paroles. Tandis que le Juif grossier ne voyait
dans le sabbat qu'une commémoration de sa délivrance, le législateur en faisait le *palladium* auquel
était attaché le salut de la république. Et comment
cela ? par la raison que tout système de lois et d'institutions a besoin d'être protégé par une institution
spéciale qui l'embrasse et le résume, qui en soit le
couronnement et la base ; parce que le sabbat, sus-
pendant les rudes travaux d'une population presque
toute agricole, et mettant les esprits en rapport par
le rapprochement des personnes, jour d'exultation
publique ou de deuil national, d'instruction populaire et d'émulation universelle, arrêtait les spéculations de l'intérêt et dirigeait la raison vers un objet
plus noble ; adoucissait les mœurs par le charme d'un
repos qui n'était point stérile ; excitait une bienveil-
lance réciproque, développait le caractère national,
rendait le riche plus libéral, évangélisait le pauvre,
exaltait l'amour de la patrie dans le cœur de tous.
Faisons ressortir quelques-unes de ces conséquences.

Tout homme, en Israël, devait lire et méditer
toute sa vie, et copier une fois de sa main le texte
de la loi : quelques sentences tracées sur les portes
des maisons et jusque sur les vêtements, rappelaient
sans cesse à la mémoire cette loi sacrée : or, comme
il n'y avait point d'écoles publiques, et que la semaine entière était remplie par le travail des champs,
c'était pendant le repos du Seigneur que se don-

naient les premières leçons d'écriture, et c'était le Livre qui fournissait à ce pieux exercice. Premier résultat, et le plus important de tous, de la loi sabbatique, l'instruction, et quelle instruction? celle de la religion, de la politique et de la morale. L'enseignement de la synagogue développait ensuite l'esprit de la lettre qui *tue;* les lévites et les prophètes apprenaient à la chanter. « Telles étaient, dit » Fleury, les écoles des Israélites, où l'on enseignait » non pas des sciences curieuses, mais la religion » et les mœurs; et où l'on instruisait, non pas des » enfants et quelques particuliers oisifs, mais tout » le peuple. » La religion! c'est-à-dire, pour m'exprimer dans notre langage, la science du gouvernement, le droit politique et civil, la connaissance des devoirs, le principe de l'autorité, l'obligation de la discipline, les conditions d'ordre et d'équilibre, les garanties de liberté, l'égalité, ou pour mieux dire la consanguinité originelle. Nos catéchismes, je ne puis m'empêcher d'en faire la remarque, sont un peu loin de tout cela.

C'est cet esprit de religion que saint Paul, si savant dans les traditions hébraïques, s'efforçait de créer parmi les chrétiens convertis de la gentilité. De son temps déjà, l'orgueil des richesses et le luxe des jouissances se glissaient jusque dans les *agapes,* ou repas d'amour, qui se prenaient en commun. Les riches ne voulaient ni manger avec les pauvres, ni des mêmes mets. « Chacun de vous, leur reprochait » saint Paul, apporte de chez soi ce qui lui plaît : l'un » se soûle, l'autre meurt de faim. » Et il s'écriait indigné : « Ne pouvez-vous rester dans vos maisons » pour manger et boire? Et ne venez-vous à l'as- » semblée (à *l'église*) que pour insulter à ceux qui n'ont rien ? » Combien de fois ces marchands de Corinthe durent faire regretter à l'apôtre les frères de Palestine, si fervents, si désintéressés, si purs ! Mais ceux-ci avaient été préparés par la religion juive, tandis que les autres n'avaient abjuré du paganisme que le culte des dieux.

La même tendance sociale se montre dans la célèbre Apologie de saint Justin. On y voit que les principaux exercices du dimanche, étaient, après la catéchèse, les actes de charité et de miséricorde, c'est-à-dire cette partie de la religion qui pouvait alors s'accorder avec la puissance séculière et avec l'obéissance qu'on lui croyait due.

Il faut, dit-on, à un peuple des spectacles. Je suis loin de le contester ; mais puisqu'en toute chose on rencontre le mal à côté du bien, la question est de savoir quels spectacles il convient de donner au peuple. Pour cela, il faut consulter les temps, les lieux et les hommes. Les représentations d'Aristophane eussent été en horreur aux Orientaux ; le féroce Romain préférait la boucherie du cirque à la pompe des théâtres ; nos pères, au moyen âge, interrompaient les offices de l'église pour jouer les mystères en présence de l'évêque et de son clergé ; et j'oserais dire qu'après deux siècles d'admiration, nos tragédies grecques commencent à nous sembler un peu trop loin de nous. Au reste, nous n'avons pas même de spectacles : il n'existe chez nous que des curiosités plus ou moins amusantes, plus ou moins coûteuses, auxquelles les neuf dixièmes du peuple ne participent pas.

On a dit que les vêpres du dimanche étaient la comédie des servantes : cette parole de dénigrement jetée sur les cérémonies du culte, et plus outrageuse mille fois pour le peuple que pour la religion, montre mieux que tout ce que je pourrais dire combien la manie des distinctions étouffe l'esprit de société, et combien peu l'on respecte en France les choses divines et humaines. Au surplus, les prêtres, par une émulation déplorable, s'efforcent de justifier cette définition moqueuse : la musique d'opéra introduite dans l'église, les effets de théâtre, le goût des amulettes et des incantations, la recherche des dévotions inconnues et des saints nouveaux, tout cela, il faut bien le dire, inventé et préconisé par des prêtres, dégrade de plus en plus la majesté du christianisme, et achève de détruire dans la nation le peu de foi religieuse échappée au libertinage du xviiie siècle.

Quel plus beau spectacle que celui de tout un peuple assemblé pour les devoirs de son culte, pour la célébration des grands anniversaires ? Un tel spectacle est du goût de tous les hommes ; aucune nation ne s'en lassa jamais. « Les fêtes des Israélites,
» dit le même Fleury, étaient de vraies fêtes, c'est-
» à-dire des réjouissances effectives. Ils n'avaient
» point de spectacles profanes ; et se contentaient
» des cérémonies de religion et de l'appareil des sa-
» crifices. Tous les hommes étaient obligés de se
» trouver à Jérusalem aux trois grandes solennités
» de la Pâque, de la Pentecôte et des Tabernacles ;
» et il était permis aux femmes d'y venir. L'as-
» semblée était donc très-nombreuse : chacun se
» parait et s'habillait de ce qu'il avait de meilleur.
» On avait la joie de revoir ses parents et ses amis ;
» on assistait aux prières et aux sacrifices, toujours
» accompagnés de musique : à cela, dans ce temple si
» magnifique, suivaient les festins où l'on mangeait
» les victimes pacifiques ; la loi même commandait

» de se réjouir, et de joindre la joie sensible avec la
» spirituelle.... Il ne faut donc pas s'étonner si c'é-
» tait une agréable nouvelle d'apprendre que la fête
» approchait, et que l'on irait bientôt à la maison
» du Seigneur ; si, pour y aller, on marchait à
» grandes troupes, en chantant et jouant des instru-
» ments.... »

Ces solennités étaient rares, il est vrai; mais chaque semaine en ramenait l'image abrégée, et en entretenait le souvenir. Les cérémonies de la synagogue terminées, les pères et les anciens se réunissaient aux portes de la ville; là ils s'entretenaient des travaux, de l'ouverture de la moisson et des vendanges, de l'approche des tondailles, des meilleures méthodes pour exploiter les terres et élever les troupeaux. On parlait aussi des affaires du pays et des relations avec les peuples voisins. La jeunesse, aux applaudissements des jeunes filles et des femmes, se livrait à des exercices guerriers : elle se formait à la course, apprenait à tirer de l'arc, faisait montre de sa force et de sa souplesse en soulevant de lourds fardeaux, et en maniant des poids destinés à cet usage. Quelquefois même elle faisait assaut d'esprit et de subtilité, par des énigmes et des apologues. On retrouve des traces de toutes ces coutumes dans les livres de l'Ancien Testament ; car il ne faut pas croire qu'antérieurement à la migration en Babylone, l'observation du sabbat fût portée à ce point de minutie superstitieuse que Jésus-Christ reprochait aux Pharisiens quand il leur disait : *Le sabbat a été fait pour l'homme, et non l'homme pour le sabbat.* Un des plus malheureux effets du séjour des Juifs en Chaldée, fut de leur donner le goût des rêveries métaphysiques et d'une critique étroite et mesquine, la fureur des disputes, la recherche des vaines curiosités dans la spéculation, et le raffinement dans la pratique. Quand on compare les Juifs de la restauration de Cyrus avec les Hébreux du temps de Samuel, de Salomon et d'Ezéchias, on croit voir deux races différentes. La grandeur et la simplicité du génie israélite ont fait place à l'esprit chicanier, pointilleux et faux des rabbins ; le bon sens public semble éclipsé, la nation est déchue. Entre les *Horaces* et l'*Attila*, la distance est grande, sans doute ; mais entre les Prophètes et le Thalmud, le contraste est monstrueux. En général, il ne faut pas chercher la vérité des usages du peuple hébreu dans les traditions thalmudiques.

Par rapport au gouvernement, le peuple devait se réunir le septième jour, non pour faire des lois ou voter sur quoi que ce fût : j'ai dit déjà que, d'après Moïse, tout ce qui est matière de législation et de politique est objet de science, non d'opinion. La *puissance législative* n'appartenait qu'à cette raison suprême que les Hébreux adoraient sous le nom de *Jéhovah :* conséquemment toute loi, pour être sainte, devait être frappée d'un caractère de nécessité ; toute jurisprudence consistait dans une simple exposition de principes, dont la connaissance n'était le privilége de personne. Attribuer à un personnage officiel le droit de *veto*, ou de *sanction*, eût paru à Moïse le comble du ridicule et de la tyrannie. Justice et légalité sont deux choses aussi indépendantes de notre assentiment que la vérité mathématique : pour obliger, il leur suffit d'être connues ; pour se laisser voir, elles ne demandent que la méditation et l'étude. Mais, chose qui va paraître inouïe, le peuple, que Moïse ne reconnaissait pas comme souverain, dans ce sens que la volonté du peuple fait la loi, le peuple assemblé formait le *pouvoir exécutif*. C'était au peuple, réuni dans ses familles et ses tribus, qu'était confié le soin de veiller à l'observation de la loi; c'était pour cette grande et sublime fonction que le législateur avait voulu qu'il se rassemblât tous les huit jours, jugeant que le peuple seul a droit de contraindre le peuple, parce que seul il peut le défendre.

Qu'était donc le législateur lui-même? un homme inspiré de Dieu, c'est-à-dire un saint, un philosophe, un poète. Interprète de cette sagesse qui fondait la loi, il en était encore, par son enthousiasme et ses vertus, le héraut et l'image. Il commandait à la nature, conjurait la terre et le ciel, ravissait les imaginations par la magie de ses chants; mais il parlait au peuple au nom de Dieu, c'est-à-dire au nom de la vérité. Voilà pourquoi il remit à la nation tout entière la garde de la loi, pourquoi il lui laissa cette garantie contre l'audace des imposteurs et des tyrans, l'obligation de se réunir à jour fixe pour se surveiller elle-même et surveiller ses agents. Tout citoyen peut affirmer : ceci est vrai, cela est juste ; mais sa conviction n'oblige que lui : la nation seule a droit de dire : *Mandons et ordonnons*.

Telle devait être aussi l'institution du Dimanche, si de fatales circonstances, qui n'existèrent point pour Moïse et que le temps n'a pas fait encore disparaître, n'en avaient arrêté le développement. Le dimanche, dans les villes, n'est guère qu'un jour de fériation sans motif et sans but, une occasion de parade pour les enfants et les femmes, de consommation pour les restaurateurs et marchands de vin, de fainéantise dégradante, et de surcroît de débauche.

Le dimanche les tribunaux sont fermés, les cours publics suspendus, les écoles en vacance, les ateliers chôment, l'armée se repose : et pourquoi? Afin que le juge, déposant sa toge et sa gravité, puisse librement vaquer aux soins de l'ambition et du plaisir, que le savant cesse de penser, que l'étudiant flâne, que l'ouvrier se goinfre, que la grisette danse, que le soldat boive ou s'ennuie. Le trafiquant seul ne s'arrête jamais. Quand tout cela serait honnête et utile, le but de l'institution serait encore manqué, et pour deux raisons : l'une, que tous ces divertissements sont sans rapport avec le bien général ; l'autre qu'ils fomentent l'égoïsme par le rapprochement même des personnes.

Dans les campagnes, où le peuple cède plus facilement au sentiment religieux, le dimanche conserve encore quelque chose de son influence sociale. L'aspect d'une population rustique réunie comme une seule famille à la voix du pasteur, et prosternée dans le silence et le recueillement devant la majesté invisible de Dieu, est touchant et sublime. Le charme opère sur le cœur du paysan : le dimanche, il est plus bienveillant, plus aimant, plus affable ; il est sensible à l'honneur de son village, il en est fier ; il s'identifie davantage avec l'intérêt de sa commune. Malheureusement, cet heureux instinct ne produit jamais tout son effet, faute d'une culture suffisante ; car si la religion n'a pas perdu toute influence sur le cœur, depuis longtemps elle a cessé de parler à la raison. Et je ne prétends pas lui en faire un reproche : la religion est de sa nature immobile ; elle ne modifie sa discipline qu'à de longs intervalles et après des lenteurs infinies ; d'ailleurs, les brusques changements arrivés dans nos mœurs et nos rapports sociaux l'ont, pour ainsi dire, prise au dépourvu ; elle n'a pas encore eu le temps de mettre à son unisson le nouvel ordre de choses, ou de s'harmoniser avec lui. Le peuple ne comprend rien aux cérémonies; les dogmes ne sont point en rapport avec son intelligence: on ne lui traduit pas les prières; et si quelques fois il les récite en sa langue, l'objet de ces prières ne l'intéresse plus. Placé entre le spirituel et le temporel, habitué par son éducation à les désunir, comment en saisirait-il la liaison? En entrant à l'église, il croit passer d'un monde dans un autre, et rarement il s'abstient, à l'occasion, de sacrifier un intérêt présent à un intérêt obscur et incertain. Le prêtre enseigne la morale: mais parle-t-il des conditions de l'ordre social, de l'égalité qui doit régner ici-bas entre les différentes classes de citoyens, comme elle règne entre les ordres des bienheureux dans le séjour qu'il annonce? Parle-t-il des devoirs du gouvernement, de la majesté de la nation souveraine, de l'indépendance de la raison, qui seule peut légitimer le respect aux puissances et la foi à Dieu? Parle-t-il du progrès, c'est-à-dire de la transformation incessante des dogmes religieux et des institutions politiques?... Non, le prêtre n'a pas le droit de parler de ces choses; le maire et l'évêque le lui défendent; il ne le pourrait sans exciter à la révolte et sans s'attirer le blâme.

Incedo per ignes : j'ai touché une question révolutionnaire, résolue aux yeux de tous les partis; mais sur laquelle j'oserai combattre l'opinion commune, et défendre le paradoxe qui forme la base de mon discours : je veux parler de *l'identité de la religion et de la politique.*

La séparation des puissances, consommée dans l'ère de Constantin et de Théodose, remonte à Jésus-Christ même, qui n'en fit pas un dogme, mais qui la toléra : elle est le fait de certaines oppositions métaphysiques qui devaient se résoudre harmoniquement en une forme supérieure, mais que la routine des légistes autant que le fanatisme des dévots a prétendu éterniser. Depuis que le monde est devenu chrétien, le paganisme a toujours existé dans le civil : au centre même de la chrétienté, l'état n'est point entré dans l'église, ni l'église dans l'état. Autre est le souverain de Rome, autre le pape. Quelques tentatives furent faites au moyen-âge, tantôt par les souverains pontifes, tantôt par les évêques, pour rétablir parmi les peuples l'unité de gouvernement, ce qui n'est pas la même chose que la monarchie universelle, à laquelle le vulgaire accuse Grégoire VII d'avoir osé prétendre; ce qui n'est pas non plus la théocratie sacerdotale, car la religion n'est pas plus la suprématie du prêtre, que la loi n'est le gouvernement du juge : mais il faut croire que cette idée d'unité, ou pour mieux dire de synthèse, juste et vraie en soi, était alors prématurée, puisqu'elle a fini par succomber sous une réprobation unanime. La déclaration de 1682, rédigée par Bossuet, a consacré la distinction des pouvoirs, et en a fait presque un article de foi. Je reviendrai sur cette question.

II.

Ce que j'ai dit des effets civils du sabbat explique suffisamment l'importance qu'y attachait le législateur, quand il en faisait dépendre la stabilité de l'état. Mais cette institution avait elle-même besoin de sauvegardes : elle demandait à être défendue contre la négligence des uns, contre le mauvais vouloir des autres, contre l'ignorance et la barbarie de tous. Or, c'est des garanties dont l'environna

Moïse que nous allons voir naitre l'influence du sabbat sur les relations de famille. Car telle est l'admirable économie du système mosaïque et l'étroite connexion de toutes ses parties, qu'en l'étudiant on croit suivre une exposition de physique plutôt qu'une combinaison de l'esprit humain. C'est de la législation de Moïse qu'on peut dire avec raison, qu'en elle *tout concourt, tout conspire, tout consent.* Soulevez une seule de ses mailles, vous attirez tout le réseau.

Moïse n'eût point cru à la solidité de son édifice, s'il n'y avait intéressé toutes les classes du peuple. Outre l'accomplissement de certains devoirs de religion, tels que l'assistance aux cérémonies, la participation aux sacrifices, etc., il exigea que le jour du sabbat toute espèce de travail servile fût suspendu, et il n'admit ni prétexte ni excuse. *Tu ne feras,* dit le Deutéronome, *aucune œuvre, ni toi, ni ton fils, ni ta fille, ni ton serviteur, ni ta servante, ni ta bête de somme, ni l'étranger qui habite entre tes portes.* Cela veut dire : Tu ne travailleras ni par toi-même, ni par autrui. La loi n'admet aucune réserve ; elle est le bénéfice de tous. Le père de famille, comme représentant en sa personne toutes les têtes qui lui sont subordonnées par la naissance, par le domaine naturel, ou par une dépendance consentie, jouit seul de certains priviléges civils, tels que ceux de siéger dans le conseil, de rendre la justice, de porter les armes, etc. Mais il est des biens de première nécessité qu'il ne peut réclamer pour lui seul, et le repos après le travail est de ce nombre. Aussi le Deutéronome, ou la seconde exposition de la loi, ajoute-t-il : *Afin que ton serviteur et ta servante se reposent comme toi. Souviens-toi que toi aussi tu as été esclave.*

Les lois de Moïse, si l'on y prend garde, sont toutes, quant à la forme, exprimées en style personnel, par la seconde personne singulière du futur. Or, comme l'expression restait toujours la même, soit qu'il s'agît de devoirs communs à tous les individus, soit que la loi n'eût en vue que les chefs de famille, qui seuls étaient comptés pour quelque chose, et comme on aurait pu incidenter sur la généralité du texte, Moïse ajouta au quatrième commandement du Décalogue, après la formule ordinaire *Tu ne travailleras pas*, le commentaire que nous venons de lire, afin d'ôter tout moyen de chicane à l'inhumanité et à l'avarice.

Les quatre cinquièmes de la population étaient donc intéressés à l'observation rigoureuse du sabbat. Les serviteurs, ressaisissant pendant un jour leur dignité d'hommes, se replaçaient au niveau de leurs maîtres; les femmes étalaient le luxe de leurs ménages, les vieillards la gravité de leurs leçons; les enfants, dans leur joie bruyante, prenaient de bonne heure des habitudes sociales et polies. On voyait les jeunes filles chanter et former des chœurs de danse, où elles déployaient toute la grâce de leurs mouvements et le goût de leurs parures. Des inclinations se formaient et amenaient d'heureux mariages. De telles réjouissances une fois connues, quel père, quel époux, quel maître aurait songé à en priver les siens? quelle autorité domestique aurait triomphé d'une institution si douce, transformée par le législateur en précepte de religion? Non, quand le despotisme paternel en aurait eu le courage, il n'y aurait pas réussi.

Que pourrais-je ajouter à cette description rapide, dont il ne tienne à nous d'être encore témoins? Le dimanche est le jour de triomphe des filles et des mères. Brillante de santé et de jeunesse, belle du témoignage de sa conscience, reconnue à la messe paroissiale entre toutes ses compagnes, quelle villageoise, une fois dans sa vie, ne s'est crue la plus aimable, la plus diligente, ou la plus sage? quelle femme, au jour du dimanche, ne donne à son ménage un certain air de fête et même de luxe, et ne reçoit plus volontiers et d'une humeur plus caressante les amis de son époux?..... La joie du dimanche se répand sur tout : les douleurs, plus solennelles, sont moins poignantes ; les regrets moins amers ; le cœur malade trouve une douceur inconnue à ses cuisantes peines. Les sentiments se relèvent et s'épurent : les époux ont retrouvé une tendresse vive et respectueuse, l'amour maternel redouble ses enchantements, la piété des fils s'incline avec plus de docilité sous la tendre sollicitude des mères. Le domestique, ce meuble à figure humaine, ennemi né de celui qui le paie, se sent plus dévoué et plus fidèle ; le maître plus bienveillant et moins dur : le paysan et l'ouvrier, que tourmente un vague soupçon d'égalité, sont plus contents de leur sort. Dans toutes les conditions l'homme ressaisit sa dignité, et dans l'infini de ses affections, il reconnaît que sa noblesse est trop haute pour que la distinction des rangs puisse la dégrader et l'avilir. Sous tous ces rapports l'esprit du christianisme l'emporte sur l'esprit juif, toujours empreint d'un sensualisme grossier. La religion de Moïse est peu contemplative ; donnant beaucoup à la démonstration, elle parle plutôt aux sens qu'à l'âme, de même que sa loi s'adressait plus à l'esprit qu'au cœur. Le christianisme est plus onctueux, plus pénétrant, plus expansif : incomparable surtout quand il veut étonner le crime, terrifier la conscience, briser le cœur, tempérer l'orgueil, consoler les grandes infortunes. Pourquoi la vertu si efficace de ses dogmes n'a-t-elle pu triompher encore, dans l'ordre politique, de toutes les obstinations humaines?

Le plus dangereux adversaire que devait rencontrer Moïse en instituant une fériation hebdomadaire, c'était la cupidité. Comment ravir de riches agriculteurs à des travaux multipliés et pressants, des manufacturiers aux exigences de leurs pratiques, des commerçants à leurs indispensables opérations? Qu'aurait à répondre le lévite chargé d'annoncer à son de trompe que le repos de l'Éternel était commencé, à ces sophismes de l'intérêt : « Ajoutez-vous un jour à la semaine, ou si vous vous chargez d'héberger la moisson et de labourer les champs?... Quel dédommagement nous offrez-vous si l'on nous retire la commande, si nous manquons ce placement?..... Faites toujours vos sacrifices, et priez pour nous à la synagogue : nous n'avons pas le loisir d'y aller, nos occupations ne nous le permettent pas. » Que dire, encore une fois, à des gens alléguant sans cesse la nécessité, l'imminence, l'irréparable occasion?

C'est ici la pierre d'achoppement de tous les adversaires du dimanche, anciens et modernes. Pour donner toute la force possible à leurs raisons, je vais rapporter les observations et les calculs d'un politique du dernier siècle, d'un homme d'église, l'abbé de St.-Pierre, qui, jouissant d'une bonne abbaye et n'ayant rien à faire, n'avait peut-être pas absolument tort de trouver déraisonnable l'obligation de se reposer le dimanche.

« Ce serait une grande charité et une bonne œuvre, plus agréable à Dieu qu'une pure cérémonie, que de donner aux pauvres familles le moyen de subvenir à leurs besoins et à ceux de leurs enfants, par *sept* ou *huit* heures de travail, et les moyens de s'instruire eux et leurs enfants à l'église, durant *trois* ou *quatre* heures du matin.....

» **Pour** comprendre de quel soulagement serait aux pauvres la continuation de leur travail, il n'y a qu'à considérer que sur cinq millions de familles qui sont en France, il y en a au moins un million qui n'ont presque aucun revenu que leur travail, c'est-à-dire qui sont pauvres ; et j'appelle pauvres ceux qui n'ont pas 50 livres tournois de rente, c'est-à-dire la valeur de 600 livres de pain.

» Ces pauvres familles pourraient gagner au moins 5 sous par demi-jour de fête, l'un portant l'autre, pendant les 80 et tant de fêtes et dimanches de l'année. Chacune de ces familles gagnerait donc au moins 20 fr. par an de plus, ce qui ferait, pour un million de familles, plus de 20 millions de livres. Or, quelle aumône ne serait-ce point qu'une aumône annuelle de 20 millions, répandue avec proportion sur les plus pauvres?

» Si, lorsque les premiers canons sur la cessation de travail ont été formés, les évêques avaient vu des cabarets et des jeux établis, s'ils avaient prévu tous les désordres que devait causer l'oisiveté, ils se seraient bornés à l'audition de la messe et aux instructions du matin. (tom. VII, pag. 75).

Toutes ces supputations sont fort belles, et le principe de cette charité très louable ; il n'y manque qu'un peu de bon sens. Car, comme le remarque Bergier, il est absurde de reconnaître d'un côté que le dimanche est institué pour donner du repos à l'homme, et de prétendre de l'autre que ce repos lui est dommageable. En voulant pourvoir à la subsistance du pauvre, il faut avoir égard à la mesure de ses forces ainsi qu'à ses besoins moraux et intellectuels. Notre philantrope en soutane voulait faire travailler les pauvres *sept* à *huit* heures par dimanche, plus *trois* à *quatre* heures de messe et sermon, ce qui eût fait en tout *onze* à *douze* heures d'exercice le jour où les autres se reposent. Et cette pièce de *cinq sous* gagnée le dimanche, ce fruit d'un excessif labeur, ce salaire d'un peuple aux abois, il l'appelle charitablement une *aumône!* Moïse entendait la chose d'une manière un peu différente ; sa législation avait pourvu à tout, et si les nations modernes n'ont pas suivi ses errements, ce ne fut pas la faute des conciles, que nous justifierons du reproche d'imprévoyance fulminé contre eux par l'abbé de Saint-Pierre (1).

Voici le portrait que J.-J. Rousseau a tracé de l'abbé de St.-Pierre : « Un célèbre auteur de ce siècle, dont les livres sont
» pleins de grands projets et de petites vues, avait fait vœu,
» comme tous les prêtres de sa communion, de n'avoir point de
» femme en propre ; mais se trouvant plus scrupuleux que les
» autres sur l'adultère, on dit qu'il prit le parti d'avoir de jolies
» servantes, avec lesquelles il réparait de son mieux l'outrage
» qu'il avait fait à son espèce par ce téméraire engagement. Il
» regardait comme un devoir du citoyen d'en donner d'autres à
» la patrie, et du tribut qu'il lui payait en ce genre, il peuplait
» la classe des artisans... » Si l'abbé de St.-Pierre avait si fort à cœur la population, que n'allait-il, comme un autre Vincent de Paul, aux Enfants-Trouvés ? Car d'après le même Rousseau, pour avoir des hommes, il s'agit moins de procréer des enfants que de faire vivre ceux qui existent.

Les Israélites, Fleury l'a remarqué, ne pouvaient changer de place, ni s'enrichir ou se ruiner excessivement. La raison en est facile à découvrir : chez eux les fortunes immobilières étaient égales, autant du moins que la division flottante des successions et les accidents imprévus le pouvaient permettre. Une loi, nommée *lévirat*, avait même été faite pour empêcher les biens d'une famille de passer dans une autre; et elle était susceptible de diverses applications, comme on le voit par l'exemple de Ruth et des filles de Salphaad. Dès l'origine, les terres avaient été soumises à un partage égal : une espèce de cadastre général avait été exécuté par les soins de Josué, afin que dans certains cantons la stérilité naturelle du sol fût compensée par une plus grande étendue de territoire ou par d'autres équivalents. D'après la loi, aucun bien immeuble ne pouvait être aliéné à perpétuité; le législateur n'avait excepté de cette mesure que les maisons des villes environnées de murailles. Et le motif de cette restriction saute aux yeux : tout en favorisant l'accroissement du peuple, il désirait qu'il se répandît uniformément sur le territoire au lieu de s'entasser et de se corrompre dans les grandes villes. Il y trouvait de plus une garantie d'indépendance et de sécurité pour la nation : on sait que l'appât de Jérusalem enrichie fut la cause perpétuelle des invasions des rois d'Égypte et de Babylone, et, à la fin, de la ruine de tout le peuple.

Tout enfant d'Abraham était donc obligé de conserver son patrimoine. Chacun devait pouvoir, dans la prospérité générale, manger sous sa vigne et sous son figuier : il n'y avait ni grandes exploitations, ni grands domaines. L'Israélite malheureux ou ruiné pouvait engager son héritage, l'héritage de son père, comme il pouvait louer sa personne et ses bras : mais à l'année jubilaire toutes les propriétés étaient franches et revenaient à leurs maîtres, tous les serviteurs étaient libres. Il suivait de là que les ventes immobilières étant à réméré se traitaient en conséquence de la proximité plus ou moins grande de l'année jubilaire; que les dettes étaient difficiles par la même raison qui rendait les prêteurs circonspects; que la passion d'acquérir était arrêtée dans sa source, et que le travail, l'activité, la diligence, se soutenaient forcément chez les citoyens. Il en résultait encore, relativement au sabbat, que la matière exploitable, ou le sol patrimonial, ne pouvant s'étendre, la peine ne pouvait être accrue pour personne; conséquemment, que nul ne pouvait ajouter de surcharge à ses propres fatigues, et partant, qu'il était facile de régler à l'avance la distribution des travaux de la semaine et même de toute l'année, toutes réserves faites des sabbats et des autres fêtes intercalaires. Et pour ce qui regarde les cas de nécessité, tels que l'approche d'une tribu ennemie, un incendie ou un orage, il faut croire, à l'honneur de l'esprit humain et de la nation juive, que le grand-prêtre successeur d'Aaron n'était pas plus embarrassé de donner dispense que le moindre curé dans nos villages (1).

Quant aux marchands, artisans et chefs d'ateliers, l'effet de la suspension était tel pour toutes les conditions, qu'un retard causé par le sabbat n'en était pas un, parce que ce jour ne comptait plus. Aucune

(1) Pendant la guerre des Machabées, une troupe de Juifs ayant été attaqués le jour du sabbat, ils aimèrent mieux se laisser massacrer que se défendre, de peur d'enfreindre la loi. Mathathias fit alors rendre une ordonnance qui permettait au peuple de se défendre le jour du sabbat s'il était attaqué.

dette, aucune livraison de marchandises, aucune rendue de travaux n'était exigible ce jour-là. C'est ainsi que, d'après nos lois et usages de commerce, tout effet dont l'échéance a lieu le samedi soir n'est protestable que le lundi.

L'égalité des conditions et des fortunes était tellement dans la pensée de Moïse, que la plupart de ses lois civiles et de ses réformes ont été faites dans ce but. Le droit d'ainesse avait existé sous les patriarches: Moïse l'abolit, et n'accorda qu'une prime aux ainés. Chez les Hébreux, c'était l'époux qui constituait la dot, et non les parents de la fille, parce que les biens ne pouvaient jamais sortir de la famille. M. Pastoret appelle cela *acheter une femme :* aujourd'hui, ce sont les pères qui *achètent des maris* à leurs filles ; lequel des deux est préférable? Si une fille se trouvait seule héritière, à défaut d'enfants mâles, elle ne pouvait se marier que dans sa tribu, et, autant que possible, dans sa parenté ; et dans ce cas, les biens qu'elle apportait n'étaient point dotaux, mais paraphernaux. Le langage lui-même consacrait ce principe de toute bonne société, l'égalité des fortunes : les mots de bienfaisance, d'humanité, d'aumône, sont inconnus en hébreu ; tout cela est désigné par le nom de JUSTICE.

Mais ici se présente une objection. Moïse pouvait-il légitimement, et sans blesser le droit de libre développement de la fortune individuelle, restreindre le droit de propriété? En d'autres termes, l'égalité des conditions est-elle d'institution naturelle, est-elle dans l'équité, est-elle possible? Sur chacun de ces points, j'ose me prononcer pour l'affirmative.

Qu'on se rassure ; je n'ai nulle envie de réchauffer les théories du célèbre discours sur *l'inégalité des conditions ;* à Dieu ne plaise que je vienne ici reprendre en sous-œuvre la thèse mal-conçue du philosophe de Genève ! Rousseau m'a toujours paru n'avoir pas compris la cause qu'il voulait défendre, et s'être embarrassé dans des *à priori* sans fondements, alors qu'il fallait raisonner d'après le rapport des choses. Ses principes d'organisation civile étaient comme ceux de sa politique, ils péchaient par la base : en fondant le droit sur des conventions humaines, en faisant de la loi l'expression des volontés ; en un mot, en soumettant la justice et la morale à la décision du grand nombre et à l'opinion de la majorité, il tournait dans un cercle vicieux : il s'enfonçait de plus en plus dans l'abîme dont il croyait sortir, et absolvait la société qu'il accusait. Ne pouvant, en ce moment, sans sortir des proportions de mon discours, me livrer sur cette matière à une discussion approfondie, je me contenterai de soumettre au jugement du lecteur les propositions suivantes, puisées aux seules sources de la fraternité et de la solidarité, et dont la conclusion nécessaire serait la même qu'avait tirée Moïse. Du reste, si je ne désavoue pas la loi agraire, je ne m'en porte point non plus le défenseur ; je voudrais seulement prouver à tous monopoleurs de travaux, exploiteurs du prolétariat, autocrates ou feudataires de l'industrie, cumulards et propriétaires à triple cuirasse, que le droit de travailler et de vivre, rendu à une foule d'hommes qui n'en jouissent pas, quoi qu'on dise, serait de la part des bénéficiaires non pas une gratification, mais une restitution.

1. L'homme qui vient au monde n'est point usurpateur et intrus ; membre de la grande famille humaine, il s'asseoit à la table commune : la société

n'est point maitresse de l'accepter ou de le rejeter. Si le fait de sa naissance ne lui donne aucun droit sur ses semblables, il ne le constitue pas non plus leur esclave.

2. Le droit de vivre appartient à tous : l'existence en est la prise de possession ; le travail en est la condition et le moyen.

3. C'est un crime d'accaparer des subsistances ; c'est un crime d'accaparer le travail.

4. Lorsqu'il naît un enfant, aucun des frères n'est en droit de contester au nouveau venu la participation égale dans les biens du père. Pareillement il n'y a pas de cadets dans une nation.

5. Tous les frères se doivent également au soutien de la famille : la même chose doit avoir lieu entre les citoyens.

6. Après la mort du père, nul ne peut réclamer dans la succession une part proportionnée à son âge, à sa force, au talent qu'il s'attribue, aux services qu'il dit avoir rendus : l'inégalité de partage est essentiellement contraire à l'esprit de famille ; accueillir l'une, c'est nier l'autre. — De même la cité ne reconnaît ni prééminences, ni priviléges de fonctions et d'emplois : elle accorde à tous même faveur et même rétribution.

7. L'homme est passager sur le terre : le même sol qui le nourrit a nourri son père et nourrira ses enfants. Le domaine de l'homme, sur quoi que ce soit, n'est point absolu : la jouissance des biens doit être réglée par la loi.

8. On punit celui qui brûle sa maison ou met le feu à sa récolte ; en quoi l'on n'a pas seulement en vue la sécurité du voisin et de l'hôte, mais on veut aussi faire entendre que, l'homme recevant toujours plus

de la société qu'il ne saurait lui rendre, ce qu'il a produit ne lui appartient plus. L'artisan, l'écrivain, l'artiste, chacun en ce qui concerne ses œuvres, doivent être soumis à cette loi.

Un moment de réflexion suffit pour apprécier toute la distance qu'il y a d'une telle doctrine à celle de Jean-Jacques : l'une établit sur le régime familial les droits respectifs des citoyens; l'autre sur des conventions et des contrats, ce qui emporte toujours un germe d'arbitraire, et donne issue à tous les despotismes.

Quelle pitié m'inspirent ces faiseurs d'homélies sanglottantes, ces *amis du peuple*, ces *amis de la classe ouvrière*, ces *amis du genre humain*, ces *philantropes* de toute farine, méditant à leur aise sur les maux de leurs semblables, qui souffrent, au sein d'une molle oisiveté, de ce que le pauvre n'a que six jours de fatigue, et de l'insuffisance de son salaire ne concluent jamais autre chose, sinon : Il faut travailler, il faut épargner ! Pareils à ce médecin qui traitant un scrofuleux, appliquait sans cesse un nouvel emplâtre à un nouvel ulcère, et n'essayait seulement pas de purifier la masse du sang, ces docteurs ont toujours sous la main quelque topique de récente invention et d'une efficacité sûre : rien est oublié par eux, hormis une chose dont ils ne s'embarrassent guère, c'est de remonter à la source du mal. Mais ne craignons pas qu'ils s'engagent dans cette recherche, qui infailliblement les ferait aboutir là où ils ne voudront jamais regarder, à eux-mêmes. Avec leurs capitaux, leurs machines, leurs priviléges, ils envahissent tout, et puis ils s'indignent qu'on ôte le labeur à l'ouvrier; autant qu'ils peuvent ils ne laissent rien à faire à personne, et ils crient que le peuple perd son temps ; tout glorieux de leur fructifiante oisiveté, ils disent au compagnon sans ouvrage : Travaille. Et puis, quand le chancre du paupérisme vient troubler leur sommeil de sa hideuse vision; quand le malade épuisé se tord sur son grabat, quand le famélique prolétaire rugit dans la rue, alors ils proposent des prix pour l'extinction de la mendicité, ils donnent des bals pour les pauvres, ils vont au spectacle, ils font des redoutes, ils tirent entre eux des loteries pour les indigents, ils jouissent en faisant l'aumône, et ils s'applaudissent ! Ah ! si la sagesse des temps modernes s'est épuisée pour de si beaux résultats, tel ne fut pas l'esprit de toute l'antiquité ni l'enseignement de Jésus-Christ.

On connait la parabole rapportée au chap. 20 de saint Matthieu, dans laquelle Jésus-Christ propose pour modèle un père de famille qui s'était levé du grand matin pour envoyer des ouvriers à sa vigne. Il donnait un denier par jour. Comme il avait eu occasion de passer sur la place plusieurs fois dans la journée, chaque fois qu'il avait aperçu des journaliers sans ouvrage, il les avait envoyés à sa vigne. Le soir venu, ce père de famille donna à tout son monde un denier. Il y eut des clabauderies et des murmures : Nous avons porté le poids du jour et de la chaleur, disaient les uns, tandis que ceux-là n'ont presque rien fait, et ils sont traités comme nous ! — Mon ami, dit le père de famille à l'un des mécontents, je ne te fais point de tort : n'es-tu pas convenu avec moi d'un denier ? prends donc ce qui te revient, et retire-toi : il me plaît de donner à l'un autant qu'à l'autre ; ne puis-je faire ce que bon me semble, et faut-il que je cesse d'être humain parce que tu es envieux ? chez-moi les derniers sont comme les premiers, et les premiers comme les derniers.

Voilà cet apologue qui a tant révolté l'équitable raison des philosophes, et auquel moi-même je n'ai pas toujours pensé sans scandale, j'en demande pardon à la divine sagesse de l'auteur de l'Evangile. Quelle vérité nous est enseignée dans cette leçon du père de famille? celle-là même dont j'ai posé tout à l'heure, sous forme de propositions, les principaux corollaires : c'est que toute inégalité de naissance, d'âge, de force ou de capacité, s'anéantit devant le droit de produire sa subsistance, lequel s'exprime par l'égalité des conditions et des biens ; c'est que les différences d'aptitude ou d'habileté dans l'ouvrier, de quantité ou de qualité dans l'exécution, disparaissent dans l'œuvre sociale, lorsque tous les membres ont fait leur *pouvoir*, parce qu'alors ils ont fait leur *devoir*; c'est en un mot, que la disproportion de puissance dans les individus se neutralise par l'effort général. Voilà donc encore la condamnation de toutes ces théories de répartition proportionnée au mérite et à la capacité, et croissant ou diminuant selon le capital, le travail ou le talent; théories dont l'immoralité est flagrante, puisqu'elles sont diamétralement opposées au droit familial, base du droit civil, et puisqu'elles violent la liberté du travailleur et méconnaissent le fait de production collective, unique sauvegarde contre l'exagération de toute supériorité relative ; théories fondées sur le plus ignoble des sentiments et la plus vile des passions, puisqu'elles ne pivotent que sur l'égoïsme ; théories, enfin, qui, à la honte de leurs superbes auteurs, ne contiennent, après tout, que le rajeunissement et la réhabilitation, sous des formes peut-être plus régulières, de cette même civilisation qu'ils dénigrent tout en l'imitant; qui ne vaut rien, mais qu'ils ressuscitent. La nature, disent ces sectaires, nous montre partout l'inégalité : suivons ses indications. — Oui, répond Jésus-Christ, l'inégalité est la loi des bêtes, non des hommes. — L'harmonie est fille de l'inégalité. — Sophiste menteur, l'harmonie est l'équilibre dans la diversité. Otez cet équilibre, vous détruisez l'harmonie.

Je m'arrête, car je n'oserais poursuivre ce colloque sacrilége. Lorsque Jésus-Christ, expliquant au peuple les différents articles du Décalogue, lui enseignait que la polygamie avait été permise aux anciens à cause de la rudesse de leur intelligence, mais qu'il n'en avait pas été ainsi dans l'origine; que le mauvais désir est égal à une fornication consommée; que l'insulte et l'outrage sont répréhensibles comme le meurtre et les blessures; que celui-là est parricide qui dit à son père indigent : « Ce matin j'ai prié Dieu pour toi; cela te profitera; » il se tut sur le 8e commandement, celui qui concerne le vol, jugeant la dureté de cœur de son auditoire encore trop grande pour la vérité qu'il avait à dire. Après dix-huit siècles, sommes-nous dignes de l'entendre ?

L'égalité des conditions est conforme à la raison et irréfragable en droit, elle est dans l'esprit du christianisme, elle est le but de la société; la législation de Moïse prouve que ce but peut être atteint. Ce dogme sublime, si effrayant de nos jours, a sa racine dans les profondeurs les plus intimes de la conscience, où il se confond avec la notion même du juste et du droit. *Tu ne voleras pas*, dit le Décalogue, c'est-à-dire, selon l'énergie du terme original *lo thignob*, tu ne détourneras rien, tu ne mettras rien de côté pour toi (1). L'expression est générique comme l'idée même : elle proscrit non-seulement le vol commis avec violence et par la ruse, l'escroquerie et le brigandage, mais encore toute espèce de gain obtenu sur les autres sans leur plein acquiescement. Elle implique, en un mot, que toute infraction à l'égalité de partage, toute prime arbitrairement demandée, et tyranniquement perçue, soit dans l'échange, soit sur le travail d'autrui, est une violation de la justice commutative, est une concussion. C'est cette profondeur de sens que Jésus-Christ avait en vue dans sa parabole des ouvriers de la vigne, enveloppant à dessein des vérités qu'il eût été dangereux de laiser trop à découvert, mais qu'il ne voulait pas que ses disciples méconnussent. Oui, leur aurait-il dit dans son sublime langage, s'il avait jugé utile de s'exprimer sans voiles, il a été dit aux anciens : Tu ne voleras pas ; et moi je vous dis : Quiconque impose le champ, le bœuf, l'âne ou l'habit de son frère, est voleur. Prévit-il que, malgré les faibles essais qui eurent lieu après sa mort, sa doctrine ne pourrait de sitôt trouver son application, et voulut-il seulement confier à son église un germe de salut, qu'elle retrouverait dans des circonstances plus opportunes? C'est à quoi il est impossible de refuser son adhésion, quand on reporte sa pensée sur les temps pleins d'inquiétude où nous vivons.

Que voyons-nous, en effet, de toutes parts ? Ici des hommes mécontents et blasés au sein de l'opulence, pauvres même avec leurs richesses ; là des manœuvres à qui la misère défend de songer à leur

---

(1) Le verbe *ganab* signifie littéralement *mettre de côté, cacher, retenir, détourner*.

raison et à leur âme : heureux encore quand ils trouvent à travailler le dimanche ! l'excès de l'égoïsme provoquant l'horreur générale ; des sophistes endoctrinant la multitude, qu'un instinct providentiel préserve encore de leurs inintelligibles systèmes, et au milieu de tout cela, le Christianisme, le doigt posé sur le Décalogue, et, sans s'expliquer davantage, maintenant la célébration du jour qui nous rendit tous égaux en nous rendant frères. N'est-ce pas nous dire assez clairement : Il y a temps pour travailler et temps pour vous reposer... Si quelques-uns parmi vous n'ont point de relâche, c'est que d'autres ont trop de loisir. Mortels, cherchez la vérité et la justice ; rentrez en vous-mêmes, repentez-vous, réformez-vous....

Grâces en soient donc rendues aux conciles qui, mieux avisés que les délicieux abbés du xviii° siècle, ont statué inflexiblement sur l'observation du dimanche ; et plût à Dieu que le respect de ce jour fût encore aussi sacré pour nous qu'il l'a été pour nos pères ! Le mal qui nous ronge en serait plus vivement senti, et le remède peut-être plus promptement aperçu. C'est aux prêtres surtout qu'il appartiendrait de réveiller les esprits de leur sommeil : qu'ils saisissent courageusement la noble mission qui s'offre à eux, avant que d'autres s'en emparent. La *propriété* n'a pas encore fait de martyrs : elle est le dernier des faux dieux. La question de l'égalité des conditions et des fortunes a déjà été soulevée, mais comme une théorie sans principes : il faut la reprendre et l'approfondir dans toute sa vérité. Prêchée au nom de Dieu, et consacrée par la voix du prêtre, elle se répandrait comme l'éclair : on croirait la venue du fils de l'homme. Car il en sera de cette doctrine comme de tant d'autres : d'abord elle sera conspuée, exécrée; puis elle sera prise en considération, et la discussion s'établira; puis on la reconnaîtra juste au fond, mais inopportune ; puis enfin, malgré toutes les oppositions, elle triomphera. Mais aussitôt un problème se présenterait : *Trouver un état d'égalité sociale qui ne soit ni communauté, ni despotisme, ni morcellement, ni anarchie, mais liberté dans l'ordre et indépendance dans l'unité.* Et ce premier point résolu, il en resterait un second : *Indiquer le meilleur mode de transition.* Là est tout le problème humanitaire.

L'égalité des biens est une condition de la liberté, comme la liberté, le droit d'association, la *république*, sont des conditions de toute fériation civile et religieuses, j'ai dû pour traiter à fond mon sujet, m'étendre sur toutes les considérations qui précèdent.

Le rempart le plus ferme de l'institution sabbatique et son gardien le plus vigilant était le sacerdoce. Les lévites ne formaient point une congrégation placée en dehors de la république et complétement étrangère au civil : ils étaient au contraire le grand ressort, la cheville ouvrière de l'état. Leur nom hébreu, *cohanim*, signifie ministres ou fonctionnaires : ainsi, outre les devoirs multipliés qu'ils avaient à remplir soit aux sacrifices, soit dans les synagogues, la plupart des emplois civils leur étaient confiés. « La justice, » dit Fleury, que je cite toujours parce que je ne saurais ni mieux penser ni mieux dire, » était » administrée par deux sortes d'officiers, *sophetim* » (juges), *soterim* (huissiers, sergents, archers, exé- » cuteurs). Ces charges étaient données à des lé- » vites.... Comme la loi de Dieu réglait les affaires

» temporelles aussi bien que la religion, il n'y avait
» point de distinction de tribunaux ; les mêmes juges
» décidaient les cas de conscience et terminaient les
» procès civils ou criminels. Ainsi il fallait peu de
» charges différentes, et peu d'officiers, en compa-
» paraison de ce que nous voyons aujourd'hui. Car
» il est honteux pour nous d'être simple particulier...
» tout le monde veut être personne publique. »

Les lévites, de même que les féciaux chez les Romains (1), faisaient les déclarations de guerre et appelaient le peuple aux armes. A l'armée, ils marchaient au premier rang, sonnaient de la trompette, et animaient les combattants. Il était beau que les mêmes hommes qui dans la paix servaient de conseils et de maîtres, conduisissent les citoyens au combat. Ainsi l'on a vu dans le siècle le plus héroïque de notre histoire, quand les armées des rois envahissaient la patrie, plus d'un professeur s'armer du fusil, haranguer ses élèves, et, tous ensemble chantant l'hymne de guerre, accourir sur les champs de bataille, et mourir ou vaincre pour la liberté. Pourquoi nos prêtres ne les imitèrent-ils pas ?

Les lévites faisaient seuls presque toute la médecine, qui se réduisait à peu près à la diététique et à l'hygiène. Ils étaient chargés de la police des lépreux et de toutes les impuretés légales : ce qui nécessitait de leur part des études théoriques assez étendues, et une diagnose minutieuse. On peut voir au Lévitique le détail des viandes prohibées, et les précautions prises pour reconnaître l'apparition de cette maladie si redoutable, la lèpre.

(1) *Feciales*, comme qui dirait *denunciatores*, hérauts. Ce mot vient du verbe *facere*, pris au sens de *parler*, de même que l'hébreu *dabar* signifie tout à la fois *faire* et *dire*, *parole* et *action*.

D'après tout cela, on pourrait croire que la prépondérance des Lévites dans le corps de l'état était immense, et qu'elle devait sans cesse menacer l'indépendance des tribus : il n'en était rien. Chez les Hébreux, il n'y avait point de castes ; ou si l'on aime mieux, chaque tribu était caste dans le rayon de son territoire. Les seuls lévites étaient cosmopolites dans le pays et répandus parmi toute la nation pour les besoins de leur service. N'ayant point eu de part dans le partage des terres, ils ne possédaient aucun bien foncier ; il leur était seulement permis d'élever quelques troupeaux sur le glacis des villes qu'ils habitaient. Toute leur subsistance leur venait du peuple par la voie des sacrifices et des offrandes ; c'étaient les appointements que Moïse avait assignés à ses fonctionnaires publics, à une époque et dans un pays où l'on se servait peu de monnaie. L'exactitude de leur solde n'était garantie que par le sabbat. Telle est même l'origine du casuel de nos curés. « Le lé-
» gislateur, en confiant le lévite à la générosité des
» autres familles, voulut accroître l'union de tous.
» De son côté, l'enfant de Lévi s'attachait naturel-
» lement à la loi de laquelle il tirait ses moyens de
» vivre, à la paix et à l'abondance publique qui ame-
» naient sur lui l'abondance et la paix. Par intérêt
» même, il devait respecter cette loi pour que les
» autres la respectassent ; par intérêt, il devait la
» publier, pour qu'on n'oubliât point les préceptes
» qui consacraient son droit ; par intérêt enfin, il
» devait surveiller toute son exécution. » (SALVADOR, *Institutions de Moïse*.)

Mais, puisque Moïse ne souffrait ni castes ni privilèges, pourquoi affecter une tribu entière aux fontions publiques, en excluant toutes les autres ? Pourquoi, introduisant un ordre nécessaire dans l'état, ne laissait-il pas cet ordre se recruter de lui-même parmi tout le peuple? D'abord, il n'est pas vrai que les seuls prêtres fussent fonctionnaires publics : il existait dans chaque ville un conseil communal composé de tous les chefs de famille, et qui choisissait dans son sein un grand nombre d'officiers publics ; il y avait en outre une espèce de sénat ou de représentation nationale élective pour chaque tribu ; enfin la nation tout entière avait à sa tête une assemblée suprême, appelée le *sanhédrin*, et formée des députés de tout le peuple. Mais en donnant la garde des lois et une si grande part du pouvoir exécutif au sacerdoce, Moïse agit conformément aux usages et aux opinions de son temps. Partout le sacerdoce était le privilége de certaines familles : l'Inde et l'Egypte en sont d'illustres exemples. Une autre raison de cette conduite, c'est que Moïse voulait la conservation de son ouvrage. Après avoir divisé toutes les terres entre les onze tribus, il avait ordonné que les lévites, salariés de l'état, n'auraient aucune part en Israël, parce que le principe d'égalité qui faisait la base de la constitution était incompatible avec le cumul des propriétés et des places. Admettre dans l'ordre sacerdotal un individu habile à succéder, c'était introduire la propriété dans le service public et détruire l'équilibre national. — Mais, dira-t-on, Moïse ne pouvait-il ordonner que quiconque se ferait prêtre perdrait la capacité d'hériter? Je ne crois pas que cette objection soit faite par un jurisconsulte. La prudence d'un législateur est de porter des lois absolues et d'éviter toute restriction.

J'ai cru que ces considérations rapides ne seraient point regardées comme hors d'œuvre, parce que, rapprochées de notre fête dominicale, elles donnent à réfléchir beaucoup plus que ne ferait un discours spécial, sur l'étroite affinité qui unit la destination du prêtre au bonheur des familles. Je me dispenserai donc de faire aucune comparaison entre le sacerdoce ancien et le sacerdoce moderne, et d'insister sur des lieux communs que chacun sait. C'est le dimanche que le caractère du prêtre, dans ce qu'il a de conciliant et d'apostolique, brille de tout son éclat. La visite du curé est la joie d'une famille champêtre. Que de malades soulagés, de pauvres secourus, d'infortunes adoucies, de haines éteintes, d'ennemis réconciliés, d'époux réunis, par l'intermédiaire du curé !... Or le prêtre, dans les campagnes surtout, ne dispose pas des instants ; il faut qu'il les saisisse au passage, et c'est le dimanche qu'il voit ses devoirs se multiplier, ses œuvres porter leurs plus beaux fruits ; c'est le dimanche qu'il découvre tout le bien qu'il peut faire.

III.

J'aborde la partie la plus difficile peut-être de tout mon sujet, à cause de l'écueil qu'elle me semble couvrir, l'*utilité morale*. Quelle est, sur le moral des individus et de la société, l'influence de l'observation du dimanche considéré en lui-même, indépendamment de la force qu'il emprunte à la religion, et abstraction faite de la foi aux dogmes et aux mystères ? Telle est du moins la manière dont j'embrasse la question, et je ne conçois pas, je l'avoue, qu'on puisse l'entendre autrement. Il ne s'agit pas de se lancer dans le vaste champ des opinions religieuses, de démontrer l'utilité d'un culte public par les bienfaits de la religion ; toutes ces questions sont oiseuses et même, à force de vérité, triviales. Ce n'est pas une homélie sur l'efficacité du dimanche comme source de grâces divines qui est demandée, c'est l'indication des rapports qui peuvent exister entre une cérémonie ostensible et les affections de l'âme. Il faut donc séparer le matériel du spirituel, le symbole de l'abstrait, l'humain du révélé; et dire ce qu'une pratique toute extérieure, isolée, conserverait encore d'utile pour la morale; car la pensée du fondateur a dû être que toute observance religieuse eût sa raison naturelle comme sa raison théologique.

Une autre distinction est encore nécessaire. Les effets moraux du dimanche sont ou *médiats* ou *immédiats*. Par effets médiats, j'entends ceux qui naissent des circonstances qui accompagnent le dimanche; telles sont les relations de famille et de cité, dont je n'ai plus à m'occuper; et par effets immédiats je comprends ceux que produit le dimanche par son action spéciale, et indépendamment de toute influence sociale ou domestique. Cette distinction, assez peu importante dans la pratique, aura l'avantage de préciser mieux le point de vue et de m'épargner les répétitions.

« La nature a mis dans l'homme le sentiment du
» plaisir et de la douleur, qui le force à fuir les
» objets physiques qui lui sont nuisibles, et à chercher
» ceux qui lui conviennent. Le chef-d'œuvre de
» la société serait de créer en lui, pour les choses
» morales, un instinct rapide, qui, sans le secours
» tardif du raisonnement, le portât à faire le bien
» et à éviter le mal : car la raison particulière de
» l'homme égaré par ses passions n'est souvent qu'un
» sophiste qui plaide leur cause, et l'autorité de

» l'homme peut toujours être attaquée par l'amour-
» propre de l'homme. Or, ce qui produit ou remplace
» cet instinct précieux, ce qui supplée à l'insuffisance
» de l'autorité humaine, c'est le sentiment religieux
» que nourrit et développe l'exercice obligé du culte;
» c'est ce respect mêlé de crainte qu'inspire pour
» les préceptes de la morale le spectacle plein de
» majesté des solennités qui les consacrent et les cé-
» lèbrent (1). »

La pensée exprimée dans ce passage est ingénieuse et belle; de plus, elle est parfaitement vraie. Cet instinct rapide, cette seconde conscience, si j'ose ainsi dire, le sabbat l'avait créée dans le cœur de l'Israélite, et le dimanche l'exalte au plus haut degré dans l'âme du chrétien. D'abord, Moïse n'avait rien épargné pour inculquer profondément le respect du sabbat: ablutions, purifications, expiations, absti-nences, défenses absolues, injonctions rigoureuses, il avait multiplié presqu'à l'excès tout ce qui pouvait inspirer l'idée de la plus haute sainteté, et porter la vénération jusqu'à la terreur. Sur des imaginations d'autant plus enthousiastes qu'elles sont moins cul-tivées, l'opinion d'une divinité plus présente est toute-puissante; la majesté du sanctuaire semble défendre au crime d'approcher, et plus d'une fois on a vu de grands coupables, saisis d'une panique divine, fuir éperdus et frissonnants d'un asile où leurs forfaits ne se trouvaient plus en sûreté. Cette horreur du sacrilége, Moïse la transporta de l'espace dans le temps : il rendit inviolables certains jours comme il avait consacré certains objets et certains

---

(1) Séance de la Convention nationale du 18 floréal an II, présidence de Carnot. Rapport de Robespierre au nom du Comité de salut public.

lieux, et le vice, cerné de tous côtés par les tranchées de la religion, n'avait point de relâche, ne savait plus où se cacher.

Mais ce charme que Moïse avait jeté sur le sabbat, cet épouvantail d'une espèce nouvelle par lequel il conjurait les mauvais génies, tenait toute sa vertu d'un accessoire bien vulgaire, bien peu digne de respect et de crainte : c'était, si j'ose me servir de ce nom flétrissant, mais qui, grâce au ciel, n'est pas de notre langue, c'était le *far niente*, la désoccupation. Un philosophe ne s'en fût pas avisé, Moïse s'en empara.

Les anciens, plus grands observateurs que nous ne voulons le croire, peut-être parce que nous n'observons pas les mêmes choses, avaient très bien remarqué les effets de la solitude sur le moral de l'homme. Dans la solitude, le sentiment de l'infini nous touche, les passions se taisent ; la raison, plus nette et plus active, déploie toute sa puissance et enfante ses miracles ; le caractère se fortifie et se développe, l'imagination grandit, le sens moral réagit sous l'impression de la Divinité. Aussi plaçait-on de préférence les temples et les oracles dans des lieux écartés et plantés d'arbres épais, dont les ombres invitaient à la méditation et au recueillement. Les sages, revenus du monde et des passions, les amants des muses et de la nature, les législateurs eux-mêmes, aussi bien que les devins et les poètes, fuyaient, tantôt dans d'agréables retraites, tantôt dans d'effrayantes solitudes, les regards indiscrets des profanes, qui les croyaient en commerce avec les dieux. La solitude, quand elle n'est point l'effet d'une humeur sauvage et d'une orgueilleuse misanthropie, leur paraissait l'image la plus pure de la béatitude céleste, et le dernier vœu d'une grande âme eût été que tous les mortels sussent en jouir et s'en rendre dignes. Mais si telle est vraiment la plus haute destinée de l'homme sur la terre, comment est-il sociable? comment son étroite demeure suffira-t-elle à la multitude des anachorètes?

Moïse, quand il en aurait eu le pouvoir, n'eut jamais la pensée de transformer ses paysans en solitaires effectifs; il voulait seulement en faire des hommes, c'est-à-dire les accoutumer, par la réflexion, à chercher en toute chose le juste et le vrai. Il s'efforça donc de créer autour d'eux une solitude que ne détruisît point la plus grande affluence, et qui conservât tout le prestige d'un véritable isolement: ce fut la solitude du sabbat et des fêtes. Contraint, sous des peines terribles, de faire trêve à ses labeurs dans ces jours solennels, l'Israélite subissait le joug d'une méditation inévitable; mais, incapable par lui-même de diriger son attention et d'occuper sa pensée, il se trouvait livré à la merci des circonstances et du premier venu : c'était là que son instituteur l'attendait. J'ai dit ailleurs quelles occupations avaient été assignées par lui au jour du sabbat. Cet homme si grand et si saint eût voulu que tous les Hébreux, depuis les enfants jusqu'aux vieillards, pussent à son exemple marcher avec l'Éternel, et vivre dans une communication permanente avec lui. Cela résulte, avec la dernière évidence, d'un passage du livre des *Nombres*, où il est raconté que Moïse ayant choisi soixante et dix hommes pour lui être en aide dans le détail du gouvernement, ces hommes furent animés du même esprit que lui et prophétisèrent. Et comme Josué vint lui dire : « Maître, il y a encore deux hommes qui prophétisent dans le camp ; empêche-les. — Plût à Dieu, répondit-il, que tout le peuple prophétisât! » Disons, en langage un peu plus humain, que rien ne lui semblait plus désirable que de tenir l'âme dans cet enthousiasme tempéré que produit l'intelligence du bien, la contemplation de nous-mêmes et le spectacle de la nature.

La dernière nuit de la semaine est écoulée; le soleil recommence sa course journalière; toute la végétation s'épanouit et salue le père du jour. Fidèles à leur instinct, les animaux ne s'arrêtent pas plus que les plantes: le loir creuse son terrier, l'oiseau construit son nid, l'abeille butine sur les fleurs. Rien de ce qui a vie ne suspend son travail: l'homme seul pendant un jour s'arrêtera. Que va-t-il faire de ses longues et flottantes pensées? A peine il s'arrache au sommeil, et déjà son inertie lui pèse: le soir arrive, et la journée lui paraît avoir duré deux soleils.

Pour les esprits frivoles, le dimanche est un jour de délaissement insupportable, de vide affreux: ils se plaignent de l'ennui qui les accable; ils accusent la lenteur de ces heures improductives, qu'ils ne savent comment dépenser. S'ils se fuient dans les visites de la politesse et dans les conversations du monde, au vide de leur pensée ils ne font qu'ajouter le vide de la pensée d'autrui. De là les inventions de la débauche et les joies monstrueuses de l'orgie..... Que ceux-là ne s'en prennent qu'à eux-mêmes de l'engourdissement qui les rend stupides, de cette inconsistance de cœur et d'entendement qui les épuise, de cette paralysie sourde qui les ronge. Quand son compagnon chôme, l'âme n'en va que plus vite: craignez, si vous ne savez donner un aliment à sa dévorante activité, qu'elle ne se consume elle-même.

Heureux l'homme qui sait s'enfermer dans la solitude de son cœur! là il se tient compagnie à lui-même; son imagination, ses souvenirs, ses réflexions lui répondent. Qu'il se promène alors le long des rues populeuses, qu'il s'arrête sur les places publiques, qu'il visite les monuments; ou que, plus heureux, il erre à travers champs et prés et respire l'air des bois; peu importe: il médite, il rêve; partout sa pensée, triste ou gaie, élégante ou sublime, lui appartient. C'est alors qu'il juge sainement de tout, que son cœur se détache, que sa conscience se retrempe, que sa volonté s'acère, qu'il sent la vertu bondir sous sa poitrine; c'est alors qu'il commerce avec Dieu même, et qu'il apprend de lui, dans des conversations qu'aucun ne redira, ce que c'est que VIVRE, et ce que c'est que MOURIR. Oh! alors, comme toutes choses se réduisent à leur juste valeur! combien peu elles paraissent dignes que pour elles nous tenions à la vie, que pour elles nous cherchions le trépas! On se demande avec effroi quel serait le meilleur remède à cette contagion de suicide qui tous les jours multiplie ses victimes. Ce remède, qu'on a cherché partout où il n'était pas, c'était à l'homeopathie de le fournir. Rendez la vie méprisable, et l'on ne voudra plus la quitter: c'est parce qu'on n'estime qu'elle qu'on la trouve à charge. Le stoïcien qui, dans la prospérité, savait faire le sacrifice de son existence, savait aussi supporter la douleur; il niait même qu'elle fût un mal: le disciple d'Épicure, lâchement amoureux de la vie, la maudissait dès qu'elle ne lui offrait plus de jouissance. C'est parmi les tombeaux, une tête de mort à la main, qu'il faut prêcher contre le suicide.

Que de dévouements héroïques et de sacrifices déchirants furent intérieurement consommés dans ces monologues inexprimables des jours saints! Que de hautes pensées, de magnifiques conceptions, descendirent dans l'âme du philosophe et du poëte ! Que de résolutions généreuses furent prises ! Hercule, au sortir de l'adolescence, offrit un sacrifice à Minerve. Debout au-devant de l'autel, après avoir fait les libations et chanté des hymnes à la déesse, il attendait, immobile et silencieux, que la flamme eût consumé l'holocauste. Tout à coup il vit apparaître deux femmes, deux immortelles, la Volupté et la Vertu, qui, déployant leurs charmes, lui demandaient son hommage. La Volupté étalait toutes ses séductions, la Vertu offrait des travaux et des périls avec une gloire incorruptible. Le jeune héros choisit la Vertu. Malheur à qui n'a pas eu la même vision ! Trois fois malheur à qui n'a pas choisi comme le fils de Jupiter !

D'après les observations qui précèdent, la même cause suffit pour rendre raison et de l'énergie que peut acquérir le sens moral, et des excès où se plonge le libertinage par suite de l'observation du dimanche : cette cause est le surcroît d'activité donné à l'esprit par le repos du corps. C'est aux hommes chargés de la garde des mœurs, de l'éducation de la jeunesse et de la direction des divertissements publics, à faire tourner à l'avantage de la morale une institution qui, après la religion elle-même, est le plus précieux reste que nous ayons conservé de la sagesse antique, et dont l'excellence est démontrée par les débauches mêmes dont elle fournit l'occasion.

Dans les classes élevées, on ne connaît plus le dimanche ; les jours de la semaine se ressemblent tous. A qui ne s'occupe que de spéculations, d'intrigues et de plaisirs, il importe assez peu quel jour on se trouve ; les intervalles marqués pour le repos ne signifient plus rien. Le peuple renvoie quelquefois ses passions à huitaine ; les vices des grands ne s'ajournent pas. Aussi l'impiété du riche, établie dans ses habitudes, est-elle incurable ; au lieu que le peuple, plus fidèle à ses traditions et moins attaquable dans sa personnalité, est toujours sous la main de la religion. J'oserais même avancer qu'avec le respect du dimanche s'est éteinte dans l'âme de nos rimeurs la dernière étincelle du feu poétique. On l'a dit : sans religion, point de poésie ; il faut ajouter : sans culte et sans fêtes, point de religion. Mais depuis que la poésie, devenue *rationaliste*, a soulevé les voiles qui enveloppaient les *mythes* chrétiens ; depuis qu'elle a quitté les *allégories* et les *symboles* pour s'élever à l'*absolu*, il est vrai de dire qu'elle a tué sa mère nourricière, et que du même coup elle s'est suicidée. Chez le peuple, au contraire, l'indévotion n'exclut point toute idée religieuse ; il peut détester le prêtre, jamais il ne hait la religion ; il blasphème dogmes et mystères, et il prie sur les tombes et s'agenouille aux bénédictions ; et lorsque pour lui la foi ne résonne plus, la poésie du dimanche vibre encore.

La blonde Marie était aimée du jeune Maxime ; Marie, simple ouvrière, et dans la naïveté d'un premier amour ; Maxime, laborieux artisan, unissant la raison à la jeunesse. La nature semblait avoir prédestiné ces amants au bonheur, en les douant tous deux de simplicité et de modestie. Assidus au travail tous les jours de la semaine, Maxime s'efforçait d'augmenter son épargne ; Marie tressait en silence sa couronne de mariage. Ils ne se voyaient que le dimanche ; mais qu'il était beau, qu'il était solennel pour eux, ce jour où il fut chanté dans le ciel : *L'amour est plus fort que la mort !* qu'il répandait sur

leur tendresse mutuelle de religion et d'innocence !
Amants véritables ne furent jamais sacriléges : pleins
d'un amoureux respect, qu'aurait osé le jeune
homme? qu'aurait permis la jeune fille belle de sa
pudeur et de la joie du dimanche? Seuls avec leur
amour, ils étaient sous la garde de Dieu. La révolution de juillet vint brusquement détruire tant de
félicité. Maxime fut averti de se pourvoir : plus
d'ouvrage, plus de joie. Il résolut de s'éloigner pour
un temps et de se diriger vers la capitale. La veille
de son départ, un dimanche au soir, il saisit la
main de Marie, et, sans lui parler, la conduisit à
l'église. — « Si je reviens fidèle, quelle vous retrouverai-je, Marie? — Faites ce que vous dites, et
comptez sur ma foi. — Me le promettez-vous devant
Dieu? » Elle le promit. Ils sortirent; la nuit était
belle; Maxime, selon la coutume des amants qui se
séparent, fit voir à Marie l'étoile polaire et lui apprit
à en reconnaître la position. — Vos yeux ne rencontreront plus les miens, lui dit-il, tous les dimanches, à pareille heure, je porterai mes regards
de ce côté-là. Faites-en de même, afin qu'au même
instant, comme nos cœurs sont un's, nos pensées
se confondent. C'est tout ce que je demande, jusqu'à
ce que je vous revoie. » Il partit. Paris ne lui donna
pas toujours de l'ouvrage; ses jours de chômage lui
devinrent funestes. Par les instigations de quelques
amis, Maxime fut affilié à une société républicaine...
Une invincible mélancolie s'empara de son âme et
altéra son caractère. « Savez vous, écrivait-il à Marie,
pourquoi vous êtes si pauvre, lorsque tant d'effrontées vivent dans le luxe? pourquoi je ne puis vous
épouser, lorsque tant d'hommes se précipitent dans
le libertinage?... Savez-vous pourquoi je travaille

quelquefois le dimanche, tandis que d'autres jouissent ou s'ennuient toute la semaine?.. Dieu a permis que les bons fussent les premiers à pâtir des vices des méchants, pour leur apprendre que c'est à eux d'émonder la société et de faire refleurir la vertu. Si le juste n'avait jamais à se plaindre, le pervers ne se corrigerait pas; et la contagion s'étendant toujours, le monde, bientôt tout infecté, périrait... Priez Dieu pour moi, Marie, c'est tout ce que peut une faible femme. Mais il y a un million de jeunes hommes, vertueux et forts, tous prêts à se lever, et qui ont juré de sauver la nation... Nous vaincrons ou nous saurons mourir. » Maxime fut tué derrière une barricade dans les journées de juin. Depuis ce temps, son amante a pris le deuil : orpheline dès son bas âge et n'ayant plus de mère, elle s'est attachée à la vieille mère de son fiancé. Ses journées se passent dans le travail et dans les soins d'un tendre dévouement. Tous les dimanches on la voit, dans l'obscure chapelle où elle promit à Maxime son cœur et sa foi, assister à l'office divin : c'est là que son âme, calme et résignée, se fortifie et s'épure dans un ineffable amour. Et le soir, après sa prière, le cœur plein des dernières paroles de Maxime, *jusqu'à ce que je vous revoie*, la triste Marie regarde en soupirant l'étoile polaire.

IV.

Il reste à examiner l'importance du dimanche relativement à l'hygiène publique. Ce texte paraîtra peut-être bien mesquin après les graves sujets dont j'ai traité; et je ne sais si, en renversant l'ordre de la question mise au concours, je pouvais raisonnablement me flatter de remplir la loi de progression si recommandée par les rhéteurs. Toutefois, je ne désespère pas d'y réussir : le lecteur décidera si mon audace a été heureuse.

Nul doute que Moïse, en établissant la loi du sabbat, n'ait eu en vue la santé du peuple et la salubrité des demeures ; et s'il n'allégua pas ce motif dans le Décalogue, c'est qu'il évitait avec la plus extrême circonspection de laisser paraître des motifs humains dans ses lois. Il avait observé que là où le mystérieux et l'impénétrable n'existent pas, la raison, trop tôt satisfaite, est indocile, la foi s'évanouit, l'obéissance se relâche. Moïse ne prescrivit donc rien de particulier pour la solennisation du sabbat quant à l'hygiène, attendant judicieusement de l'effet général de ses institutions et des garanties sans nombre dont il les avait entourées, ce qu'il aurait eu certainement plus de peine à obtenir par un réglement sur la propreté. S'il ne s'était pas trompé dans ses prévisions, les choses devaient aller d'elles-mêmes ; il n'avait que faire de commander ce que produiraient seuls le zèle de la religion et l'émulation des bienséances. Ne voit-on pas tous les jours les efforts les plus louables de l'autorité échouer devant l'insouciance et la paresse des particuliers ? Les murs sont couverts d'immenses placards sur la voirie, le curage des égouts, l'enlèvement des immondices, l'échenillage, etc. ; quel effet résulte de toute cette éloquence préfectorale ? Le peuple se laisse ronger d'humeurs gangréneuses et infecter de miasmes, plutôt que d'écarter ce qui l'empoisonne. Les insectes le mangent sans qu'il se remue. Mais faites que l'opinion, le point d'honneur ou la passion s'en mêle, et le peuple opérera des miracles : il desséchera les lacs, transportera les montagnes, exterminera des races pullulantes; après quoi, ne pouvant croire aux prodiges que sa force enfante, il en glorifiera les héros et les génies. Cette contradiction de l'esprit humain, qui accuse d'une manière si irréfragable la prépondérance du sentiment sur la raison, et que les faiseurs de théories passionnelles ont si peu expliquée, Moïse en fit le ressort le plus puissant de sa police, et c'est à elle que nous sommes encore redevables des seules habitudes hygiéniques qui triomphent de l'apathie populaire. Je ne m'arrêterai pas davantage sur ce chapitre; car, quand j'épuiserais toutes les réflexions que suggérerait la métamorphose du dimanche matin, quand je retournerais de mille façons cette thèse vulgaire, je ne sortirais pas de la même idée, je fatiguerais l'attention sans éclairer l'esprit. Il faut voir la chose de plus haut.

Ecartons d'abord toute discussion oiseuse.

Le repos est nécessaire à la santé;
Or, le dimanche commande le repos;
Donc le dimanche est salutaire.

Ainsi raisonnerait un observateur inattentif, concluant trop vite de la coexistence à la similitude. Ce syllogisme manque de justesse, parce que le repos n'est point lié à la célébration du dimanche de telle sorte que, celui-ci étant supprimé, on perdît l'autre sans retour. Là où le dimanche n'est plus respecté, il est constant que l'on ne travaille pas davantage, peut-être moins. En second lieu, l'argument tombe à côté de la question; car il ne s'agit point ici du repos en lui-même, chose excellente et qui compte peu de détracteurs. Le repos est père du mouvement, générateur de la force et compagnon du travail. Le repos, pris modérément et à temps utile, soutient le courage, vivifie la pensée, fortifie la volonté, et rend invincible la vertu. Mais tout cela ne fait rien à notre sujet : ce n'est pas comme consécration du repos que le dimanche exerce une influence sur l'hygiène.

Ce qui importe, c'est cette périodicité fixe et régulière, qui coupe, à intervalles égaux, la succession des œuvres et des jours. Pourquoi cette constante symétrie? pourquoi six jours de travail plutôt que cinq ou sept? pourquoi la semaine plutôt que la décade? Quel statisticien a observé le premier qu'en temps ordinaire la période du travail doit être à la période de repos comme 6 est à 1, et d'après quelles lois? que ces deux périodes doivent s'alterner, et pourquoi?

On n'attend pas, sans doute, que je réponde à ces questions : il y a de quoi désespérer toute la science et l'érudition moderne, et je plaindrais quiconque, abordant la même matière, n'apercevrait pas cet abime. L'origine de la semaine est inconnue : quant à la loi de proportion entre la durée du travail et celle de relâche, nous n'en soupçonnons seulement pas la raison, et je ne crois pas qu'elle ait excité l'attention des économistes et des physiologues. Notre ignorance est opaque sur toutes ces choses. Que l'on m'excuse donc si, à défaut de documents positifs, je me trouve réduit à donner quelques renseignements sur cette antique philosophie, qui, au temps de Moïse, portait déjà de pareils fruits.

« En remontant au premier temps de l'humanité,
» nous voyons les hommes qui cultivaient la sagesse
» occupés particulièrement de trois objets princi-
» paux, directement relatifs au perfectionnement
» des facultés humaines, de la morale et du bon-
» heur. 1° Ils étudiaient l'homme, sain et malade,

» pour connaître les lois qui le régissent, et apprendre
» à lui conserver ou à lui rendre la santé. 2° Ils tâ-
» chaient de se tracer des règles pour diriger leur esprit
» dans la recherche des vérités utiles, et leurs le-
» çons roulaient, ou sur les méthodes particulières
» des arts, ou sur la philosophie rationnelle, dont les
» méthodes plus générales les embrassent tous. 3° En-
» fin, ils observaient les rapports mutuels des hom-
» mes, mais dans la détermination desquels ils fai-
» saient entrer comme données nécessaires, quel-
» ques circonstances plus mobiles, telles que celles
» des temps, des lieux, des gouvernements, des re-
» ligions; et de là naissaient pour eux tous les pré-
» ceptes de conduite et tous les principes de morale. »

Je ferai observer en passant que c'est cette liaison du moral et du physique, dans l'esprit des anciens législateurs, qui a contribué surtout à faire supposer un panthéisme primitif, ou culte de l'âme du monde.

« Pythagore porta le premier le calcul dans l'étude
» de l'homme. Il voulut soumettre les phénomènes
» de la vie à des formules mécaniques; il aperçut
» entre les périodes des mouvements fébriles, du dé-
» veloppement ou de la décroissance des animaux,
» et certaines combinaisons ou retours réguliers des
» nombres, des rapports que l'expérience des siècles
» paraît avoir confirmés, et dont l'exposition systé-
» matique constitue ce qu'on appelle la *doctrine des*
» *crises*. De cette doctrine découlent non seulement
» plusieurs indications utiles dans le traitement des
» maladies, mais aussi des considérations impor-
» tantes sur l'hygiène et sur l'éducation physique des
» enfants. Il ne serait peut-être pas même impossible
» d'en tirer encore quelques vues sur la manière de
» régler les travaux de l'esprit, de saisir les moments

» où la disposition des organes lui donne plus de
» force et de lucidité, de lui conserver toute sa fraî-
» cheur, en ne le fatiguant pas à contre-temps,
» lorsque l'état de rémission lui commande le repos.
» Tout le monde peut observer en soi-même ces al-
» ternatives d'activité et de langueur dans l'exercice
» de la pensée : mais ce qu'il y aurait de véritable-
» ment utile serait d'en ramener les périodes à des
» *lois fixes*, prises dans la nature, et d'où l'on pût
» tirer des règles de conduite applicables, moyen-
» nant certaines modifications particulières, aux di-
» verses circonstances du climat, du tempérament,
» de l'âge, en un mot, à tous les cas où les hommes
» peuvent se trouver....

» Telles sont les données d'où partirent les diffé-
» rents fondateurs d'ordres religieux, qui par des
» pratiques de régime plus ou moins heureusement
» combinées, s'efforcèrent d'approprier les esprits
» et les caractères au genre de vie dont ils avaient
» conçu le plan. » (CABANIS, *Rapports du physique et du moral*.)

C'est par une erreur de mémoire ou d'attention que Cabanis proclame Pythagore *le premier qui porta le calcul dans l'étude de l'homme*. Longtemps avant ce philosophe les secrets des nombres étaient connus; ce qu'il en sut lui-même était fort peu de chose et lui venait d'ailleurs; sa gloire est d'en avoir été l'introducteur et le colporteur dans la Grande-Grèce. Près de mille ans avant Pythagore, Moïse faisait usage, dans sa législation, de toute la science des Egyptiens; et cette science déjà vieille à cette époque, paraît avoir consisté surtout dans une espèce de métaphysique du rhythme et du nombre, dont il est plus facile peut-être de concevoir la raison générale que de retrouver les principes et les données. Les Grecs en retinrent quelque chose, qu'ils exprimaient par le nom de *mousikê*, et qui comprenait l'esthétique, la morale, la poésie, l'éloquence, la grammaire et ce que nous appelons proprement *musique*. Mais les rapports du physique et du moral, ceux de la religion et de la politique, cette multitude de relations entre toutes les parties de la nature intelligente, vivante et inanimée; ces analogies entre les diverses branches des connaissances humaines, que les opérations des nombres servaient à calculer et à formuler, tout cela était exclu de leur musique, et la philosophie elle-même n'en avait presque rien retenu. Quelques-uns ont cherché, de nos jours, à rappeler l'attention sur ces objets de l'antique curiosité; mais jusqu'à l'heure où j'écris, on n'a guère réussi qu'à donner des caricatures ou de puériles allégories. Ce n'est point avec de l'imagination, mais avec de l'observation et des faits, que l'on crée un pareille science; elle ne se devine pas, il faut l'induire des phénomènes. Au reste, ce qui rend la chose si difficile pour nous, c'est l'inégal développement des sciences : pour qu'une synthèse puisse avoir lieu, il faut une seule intelligence qui en embrasse toutes les parties; ce qui suppose ou toutes les sciences finies, ou leur progrès parallèle.

Mais les sciences étaient-elles donc plus avancées en Egypte, il y a quatre mille ans, qu'elles ne le sont en France au XIXe siècle? Je ne répondrai point sur des connaissances dont la nature m'est étrangère : peut-être les Egyptiens avaient-ils découvert des méthodes et des sciences que nous ignorons, comme ils purent ignorer les nôtres. Quoi qu'il en soit, d'après Champollion, les arts et les sciences paraissent avoir été en décadence en Égypte dès le règne de Sésostris, 2,000 ans avant J.-C. Et j'ajouterai pour ma part que, à en juger par l'ensemble des propositions que l'on pourrait extraire des plus anciens livres hébreux, la philosophie moderne est encore en arrière de celle qui les inspira.

C'était par une espèce de matérialisme méthodique, analogue au doute de Descartes, que les anciens sages s'élevaient théoriquement à la connaissance de l'âme et de Dieu, et qu'ils induisaient la persistance du *moi* au-delà du tombeau, et la personnalité éternellement active et conservatrice du grand Être : bien différents en cela des spiritualistes modernes, qui, toujours effrayés des progrès d'une physiologie prétentieuse, voudraient l'isoler de la psychologie, et, pour assurer la réalité subjective de la pensée, ramènent à une mécanique grossière tous les phénomènes de la vie organique, et jusqu'aux déterminations de la sensibilité. Ils savaient, ces premiers observateurs de la nature, que la notion de Dieu et d'une existence ultérieure avait été au commencement révélée à la conscience de l'homme par une parole mystérieuse, et que c'est encore par une transmission immédiate d'homme à homme que cette notion se conserve dans la société. Mais ils pensaient aussi que la raison nous ayant été donnée pour méditer les voies ineffables de la Divinité, non moins que pour admirer ses ouvrages, cette raison étend son domaine sur ce qui est au-dessus comme sur ce qui est au-dessous d'elle ; qu'il est dans son droit de ramener à un point de vue unique l'étude de Dieu et celle du monde, d'assujettir cette double étude à un même mode de développement, et d'imiter la succession cosmogonique des êtres dans la synthèse qui les expose. L'univers, à leurs yeux, était une immense pyramide dont la substance visible forme la base ; les phénomènes que cette substance éprouve en composent les différentes assises, au sommet desquelles apparaît l'Esprit.

« La matière, disait l'hiérophante, est étendue et impénétrable : ces deux propriétés qui ne signifient pour nous qu'indestructibilité, sont essentielles à la matière ; sans elles nous ne la concevons pas. Considérée sous les rapports de solidité et de surface, elle donne lieu à la *science des nombres et des mesures*, science infinie et capable d'absorber la vie de l'homme. Les dimensions de la matière suffiraient à l'exercice de l'intelligence créée.

» C'est un fait que les masses se précipitent vers un centre ; les corps se cherchent, la matière est poussée vers la matière : d'où vient cela ? Bien que générale et constante, cette tendance des corps ne leur paraît pas essentielle ; car nous les concevons parfaitement sans la gravitation, chose qui ne se peut dire de l'étendue et de l'impénétrabilité. Bien plus, il y a, dans cette propension des corps à se joindre, une circonstance tout-à-fait contraire à leur nature : ils sont limités et circonscrits, tandis que leur sphère d'attraction est infinie. L'intensité de cette attraction s'accroît ou diminue dans des proportions certaines ; elle ne s'éteint jamais. S'il n'existait que deux molécules de matière, elles seraient entraînées l'une vers l'autre à travers tous les espaces possibles : le sujet est sans proportion avec l'attribut. Les corps, enfin, selon le rapport de leur masse, et par leur ressort ou leur dilatabilité, arrêtent, transmettent ou reproduisent le mouvement ; ils ne le créent pas. Il y a une force externe, distincte des corps, qui les meut et les dirige : la science des quantités peut calculer les proportions apparentes et formuler les lois de cette force ; mais elle est inhabile à en expliquer le principe. La connaissance des effets des corps, considérés comme agissant les uns sur les autres par leur puissance mécanique, savoir, leur mouvement et leur poids, donne lieu à une science nouvelle, la *physique*.

» Tu penses savoir déjà quelque chose : entre dans le laboratoire de la nature, et tout ce que tu sais va s'évanouir comme un rêve, et ne te laisser que le sentiment de ton ignorance. Qui produit entre ces masses inertes cette pénétration mutuelle, ces brusques métamorphoses, ces aversions et ces préférences, ces amours et ces haines ? C'est ici la seconde incorporation de la force. Une énergie incoërcible et sûre préside à toutes les combinaisons, et variant ses lois selon l'espèce et la mesure, n'attend pour agir que le contact ou le repos. Vois ces produits si différents de leurs éléments ; admire la savante géométrie de ces précipitations. La neige, comme une cristallisation de fleurs transparentes, inonde de ses flocons symétriques le haut Liban et le Caucase père des fleuves : quel pinceau traça jamais des figures plus régulières, plus élégamment variées ? Mais ici, plus l'intelligence éclate, plus la cause se dérobe : la science n'est plus qu'une série de noms et de phénomènes. Chaque fait que l'observateur enregistre brouille ses classifications ; chaque découverte est un démenti à ses systèmes ; et plus tu pénètres dans ce labyrinthe, plus ses détours se croisent et s'entrelacent. Il n'y a point encore de *chimie*.

» Qui a scruté les sources de la vie ? qui a découvert le principe de la sensibilité ? qui a vu s'allumer le flambeau de l'instinct ? Dis-moi par quelle vertu la plante et l'animal s'assimilent leur nourriture ; d'où leur vient cette autonomie qui les conserve et les guide ?... O mystère ! tous les êtres vivants sont armés pour la reproduction ; les individus meurent, les espèces sont indestructibles. Devant ces merveilles, que devient la science du chimiste et du physicien ? qu'est-ce que la matière brute t'apprendra de la matière vivante ? La gravitation, l'attraction de cohésion, les affinités électives, trouvent bientôt le terme de leur action ; les combinaisons élémentaires, une fois opérées, demeurent fixes ; le ressort détendu, la machine s'arrête et tout rentre dans le repos. Il n'y a point là de résurgence, point de développement intérieur, point de perpétuité, point de centre d'opérations. Tu n'expliqueras jamais la vie par des résistances et des poids, par des attractions moléculaires ou des combinaisons d'atomes. Il faut, pour ce nouvel ordre de phénomènes, une nouvelle mathématique, une nouvelle physique, une nouvelle chimie ; appelle, si tu veux, cette science *physiologie* (1).

» Mais, ô fatalité ! que peut la physiologie pour la théorie de l'intelligence ? Les idées s'acquièrent-elles comme les organes se développent ? les jugements se forment-ils par une digestion du cerveau ? Lequel du système nerveux ou du système vasculaire

---

(1) Tous les efforts des physiciens n'ont pu encore nous montrer la matière s'organisant, soit d'elle-même, soit par une cause extérieure quelconque. En effet, la vie exerçant sur les éléments qui font à chaque instant partie du corps vivant, et sur ceux qu'elle y attire, une action contraire à celle que produirait dans elle les affinités chimiques ordinaires, il répugne qu'elle puisse être elle-même produite par ces affinités.

G. CUVIER,
Introd. au règne animal.

produit des métaphysiciens et des géomètres?... Tu parles de prédispositions organiques, d'appétits naturels, de tempéraments, etc.; c'est-à-dire qu'un organisme est nécessaire comme *substratum*, ou lieu d'exercice, à la pensée, mais non qu'il engendre la pensée; de même qu'une matière est nécessaire à la production de la force, et n'est point force; au développement de la vie, et n'est point vie. Nul ne connaît la genèse de l'âme; nul n'a sondé l'abime de ses facultés.

» Quel usage l'homme va-t-il faire de cette lumière qui illumine son instinct? N'est-il point à craindre qu'il la mette au service de son égoïsme, aux dépens de tout ce qui l'environne?... Un frein est imposé à son ardente cupidité; une voix intérieure le prévient de ce qui lui est permis, des droits qu'il doit respecter, de la peine qui l'attend s'il désobéit. Eh bien! ce législateur invisible, dont les dictées arrêtent les appétits de la nature, cette raison d'agir indépendante de la raison spéculative, tu ne réussiras pas mieux à la connaître par la physiologie, que tu n'as su ramener celle-ci à la sensibilité, la sensibilité à l'attraction, la pesanteur à l'étendue. Il faut une *morale*: qui nous la donnera?

» Les sciences que nous venons d'énumérer forment autant de systèmes distincts, mais qui ne se contredisent pas. Les faits propres à chacune étant divers, mais non opposés, ne peuvent donner lieu qu'à des lois différentes: l'expression de l'une de ces lois n'est pas la négation de l'autre. Au contraire, l'objet de la 2e et de la 3e de ces sciences étant l'objet de la 1re, plus un nouvel élément, la *force*; l'objet de la 4e étant l'objet des trois premières, plus un autre élément, la *vie*; l'objet de la 5e étant le même que celui des précédentes, plus un troisième élément, la *raison* ; l'objet de la 6e enfin étant l'objet des cinq autres, plus un dernier élément, la *justice*, il s'ensuit qu'elles forment une gradation ascendante, dans toute l'étendue de laquelle les formules mathématiques doivent trouver leur application. Il y a donc une science des sciences, une philosophie de l'univers, dont le *nombre*, c'est-à-dire le *rhythme*, la *série*, est l'objet.

» Ainsi toutes les sciences se démontrent l'une l'autre, et se servent réciproquement de contre-épreuve et de *critérium*. Si, par exemple, la succession des jours de repos, au lieu de correspondre à la progression arithmétique 1, 8, 15, 22, 29, 36, etc., était dans le rapport : 1, 6, 14, 25, 29, 39, 47, tu pourrais conclure, sans autre démonstration, et par cela seul que les nombres 1, 6, 14, 25, 29, 39, 47, ne forment pas une période régulière, qu'une semblable distribution des jours fériés est contraire à l'hygiène, à la morale, à la liberté.

» Créature vivante, intelligente et morale, esprit et matière, l'homme est soumis aux lois de la vie, de la pensée et de la conscience ; la figure, la force et le nombre, sont les bases de son intelligence comme de son être. Pour comprendre quelque chose à ce microcosme, il faut avoir observé toute la nature ; pour aspirer à le conduire, il faut connaître tous les ordres de phénomènes et le secret de leur équilibre. De toutes les études, celle de l'homme est la plus vaste ; de tous les arts, celui le le gouverner est le plus difficile.

» Quand tu élèves un édifice, tu te sers de l'aplomb et du niveau pour t'assurer que les centres de gravité de toutes les pierres se rencontrent dans un même plan perpendiculaire ; car tu sais par la statique qu'en négligeant cette précaution tu compromets la solidité du bâtiment. De même tu as observé que, pour cultiver avec succès, il faut observer les temps de la greffe, de la germination, de la floraison et de la maturité, les avantages de la saison et du terroir, et toutes les règles de la vie végétale. Tu peux hâter et multiplier le développement de cette vie, mais tu ne le peux qu'en vertu de ses propres lois : pour agir sur elle, il te faut un point d'appui, et cet appui, c'est en elle que tu le trouves. Ainsi l'aigle qui plane dans le ciel triomphe de la pesanteur par la pesanteur même.

» Quoi ! l'homme est ordre et beauté, et tu abandonneras son éducation au hasard ! sa volonté est libre, et, au lieu de la diriger, tu lui imposeras des chaînes ! sa conscience s'élève vers son auteur, et toi tu rendras cette conscience impie ! sous prétexte d'émanciper la raison, tu proclameras ta république sans Dieu ! pour relever la chair et le sang, tu préconiseras la passion et tu nieras le devoir ! Législateur de pourceaux, ton étable ne subsistera pas : la conscience, l'intelligence et la volonté réagiront contre une aveugle tyrannie, et puisque tu n'as pas su les régler, et que tu ne peux les détruire, tu les verras se déchaîner dans une effroyable confusion, jusqu'à ce qu'enfin, épuisées de leurs excès et obéissant à leur nature, elles reviennent à leur ordination légitime et s'harmonisent dans une société éternelle. »

Je voudrais maintenant pouvoir dire, comment, avec cette puissante méthode d'induction, l'antique philosophie échappait à l'écueil, aujourd'hui si fréquent en naufrages, du panthéisme spéculatif et pratique ; comment elle résolvait les problèmes ultérieurs de la destinée de l'homme, de l'origine du mal, du principe de nos connaissances et des fondements de la certitude. Mais je n'ai point été initié dans les sanctuaires d'Héliopolis et de Jérusalem, et je n'ai pas hérité du manteau d'Elie. D'ailleurs, une semblable reconstruction n'étant point faite de fragments spéciaux, mais seulement induite de l'esprit général des croyances et des institutions, conserverait toujours un caractère d'arbitraire; et quelque plausibles qu'en fussent l'ensemble et les détails, ils attesteraient moins l'exactitude de la doctrine que l'esprit du critique.

Moïse ayant donc à régler dans une nation les œuvres et les jours, les repos et les fêtes, les travaux du corps et les exercices de l'âme, les intérêts de l'hygiène et de la morale, l'économie politique et la subsistance des personnes, eut recours à une science des sciences, à une *harmonique transcendante*, s'il m'est permis de lui donner un nom, qui embrassât tout, l'espace, la durée, le mouvement, les esprits, les corps, le sacré et le profane. La certitude de cette science est démontrée par le fait même dont nous nous occupons. Diminuez la semaine d'un seul jour, le travail est insuffisant comparativement au repos; augmentez-la de la même quantité, il devient excessif. Etablissez tous les trois jours une demi-journée de relâche, vous multipliez par le fractionnement la perte de temps, et en scindant l'unité naturelle du jour, vous brisez l'équilibre numérique des choses. Accordez au contraire quarante-huit heures de repos après douze jours consécutifs de peine, vous tuez l'homme par l'inertie après l'avoir épuisé par la fatigue. J'omets, pour abréger, la foule de considérations du même genre que pourrait suggérer l'intervertissement des relations de famille et de cité, et qui ferait ressortir bien d'autres inconvénients. Comment donc Moïse rencontra-t-il si juste? il n'inventa pas la semaine, mais il fut, je crois, le premier et le seul qui s'en servit pour un si grand usage. Aurait-il adopté cette proportion, s'il n'en eût calculé d'avance toute la portée? Et si ce ne fut pas en lui l'effet d'une théorie, comment expliquer une intuition si prodigieuse? Du reste, quant à supposer que le hasard seul l'eût ainsi favorisé, je croirais plutôt à une révélation spéciale qui lui en aurait été faite, ou à la fable de la truie écrivant l'Iliade avec son groin.

On se moque avec raison de la sotte manie de ces gens qui exaltent les anciens outre mesure, et qui découvrent les vestiges des plus sublimes connaissances là où l'observateur judicieux n'aperçoit que la marque du bon sens. Mais quand les faits se multiplient et s'éclairent l'un par l'autre, quand plusieurs monuments rendent un commun témoignage, la probabilité croît comme le doute diminue. On a vu au commencement de ce mémoire le nombre septénaire figurer dans les catégories du devoir; le même nombre se représente dans la cosmogonie de Moïse et dans une multitude d'autres circonstances, par exemple, dans la symptomatologie de la lèpre; enfin nous avons cité les réflexions de Cabanis sur les rapports des nombres : toutes ces lois furent-elles constatées par les anciens, ou seulement imaginées à plaisir? La réponse supposerait la science même dont j'ai trop parlé, puisque j'ignore jusqu'au nom qu'elle porta.

V.

Si j'ai rempli la tâche que je me suis imposée en commençant ces recherches, il demeure constant et prouvé :

1° Que l'institution sabbatique fut conçue dans les principes d'une politique élevée dont le plus grand secret consistait à faire renaître les moyens de la fin ;

2° Que cette institution, analysée dans les circonstances de son origine et de sa réforme, suppose liberté, égalité, suprématie de la religion et des lois, puissance exécutive dans le peuple, dépendance absolue des fonctionnaires, moyens de subsistance les mêmes pour tous ;

3° Que ses effets, médiats et immédiats, se résument dans les suivants : sociabilité hautement développée, moralité parfaite, santé du corps et de l'âme, félicité constante, toujours susceptible d'augmentation et de variété, suivant les âges et les caractères ;

4° Qu'elle était éminemment conservatrice de l'ordre social, qui à son tour la conservait.

Il me reste à éclaircir quelques difficultés.

S'il est vrai que le plan de Moïse fut tel que j'ai essayé de le décrire, comment n'en laisse-t-il jamais rien paraître ? pourquoi n'en découvre-t-on pas un mot dans les motifs qu'il allègue, et ne se prévaut-il partout que de la volonté absolue de Dieu ? Pourquoi, au lieu de ces beaux enseignements politiques, toujours des promesses et des menaces ?

Moïse parla à son siècle selon qu'il pouvait en être entendu ; il s'expliqua comme il le devait. La loi sabbatique n'est pas la seule à laquelle le nom de Jéhovah tienne lieu, en apparence, de tout motif comme de toute sanction : les autres lois politiques, civiles, criminelles, ainsi que les ordonnances de détail, sont dans le même cas. C'est toujours la formule *Je suis l'Eternel*, qui est la raison suprême. Quelquefois le bienfait de la délivrance est rappelé, afin d'ajouter au motif de la crainte le lien plus doux de la reconnaissance. Mais partout le véritable esprit de la loi est dissimulé : Moïse semble avoir voulu que la connaissance en fût réservée au fidèle, qu'elle devînt le prix de la persévérance et de la méditation. Tantôt il ne s'exprime qu'à demi, tantôt il enveloppe sa pensée d'un style symbolique et figuré, laissant au lecteur attentif le soin de pénétrer le sens des paroles. Jamais, encore une fois, il ne daigne aller au-devant d'un *pourquoi* ou d'un *comment*, ni prévenir une seule objection.

Moïse institue une *année sabbatique*, c'est-à-dire qu'il défend de cultiver la terre chaque septième année, déclarant que l'Eternel le veut ainsi, et promettant de sa part une récolte triple pour la sixième. M. Pastoret trouve qu'il n'est pas facile de justifier cette loi : il remarque même que la triple récolte manqua toujours. Cependant cette loi n'est rien qu'un précepte d'agriculture, et l'abondance promise pour la sixième année est le résultat naturel d'une fécondité rajeunie. Avec plus d'intelligence, les Israélites eussent entrevu le but du législateur, et ils eussent ordonné que le repos des terres eût lieu chaque année par septième, de manière qu'au bout de sept ans tout le territoire se fût reposé. La loi prescrivait de se contenter, la 7e année, du produit des troupeaux : c'est une invitation à convertir les champs en prairies artificielles. Ne savons-nous pas aujourd'hui que ce mode de culture repose la terre et enrichit le laboureur ?

La bestialité est punie de mort; parmi nous cette infamie serait à peine jugée digne du fouet. Le misérable qui s'en serait souillé exciterait plus le dégoût que l'animadversion des tribunaux. Mais ce crime, au temps de Moïse, faisait partie des cérémonies idolâtres ; en Egypte, des femmes se prostituaient publiquement au bouc Mendès et aux crocodiles, et des coutumes semblables se voyaient encore ailleurs. C'est cette exécrable superstition qui motiva la sévérité de Moïse : cependant, pas la moindre réflexion sur tout cela.

Il déclare abominable quiconque change les habits de son sexe ; s'agit-il ici d'un simple déguisement ? Ce serait être bien esclave du texte. Moïse désigne sous une figure honnête l'espèce d'infamie dont s'illustra Sapho, et que les Grecs divinisèrent dans Ganymède.

Il défend de mêler à la vigne aucune semence étrangère, *de peur*, dit-il, *que les deux plantes ne se nuisent et ne se gâtent*. C'est encore une loi de morale publique déguisée sous une image champêtre. Moïse, en prohibant une coutume honorée depuis à Sparte, et que Platon voulait introduire dans sa république, apprenait au peuple à faire plus de cas de l'inviolabilité conjugale que de la multiplicité des enfants.

C'est un crime capital d'imiter la composition de l'huile sainte, *parce que*, dit Moïse, *une telle contrefaçon est sacrilége*. Qu'avait donc cette huile de si précieux ? C'est que le signe du sacerdoce et de la royauté consistait dans la consécration ou le *sacre* ; et ce que Moïse appelle *contrefaire l'huile sainte* n'est rien de moins qu'*aspirer à la tyrannie*. C'est le crime de lèse-majesté nationale au premier chef.

Pythagore disait dans le même style : « N'attisez pas le feu avec l'épée ; ne vous asseyez point sur le boisseau ; » voulant dire : N'irritez pas un homme en colère ; fuyez l'oisiveté.

Lorsque Moïse institue un sacerdoce, il ne se met

point en peine d'en expliquer au peuple la nature et les attributions ; il ne lui dit rien ni des fonctions de cet ordre, ni de ses prérogatives ; il ne laisse pas même entrevoir pourquoi, tandis qu'en Egypte les prêtres possédaient le tiers des biens fonds, lui n'accorde aux lévites aucune propriété. Il fait dire à Dieu : *J'ai choisi les enfants de Lévi pour servir dans mon tabernacle ; tout intrus sera mis à mort.* Et cela fut ainsi fait à Coré et à Dathan.

Les successeurs de Moïse se comportent absolument de même.

Sous la judicature de Samuel, le peuple demande un roi ; que répond le prophète ? raisonne-t-il avec les députés des tribus ? examine-t-il si la royauté est en soi chose morale et juste ; si elle est dans l'esprit de la constitution ; si elle ne blesse pas les droits du peuple ; si elle n'entraînera point une révolution dans l'état ? Non, il leur dit :

« Voici quel sera le droit du roi qui vous commandera :

» Il prendra vos fils et les fera monter sur ses
» chars ; il s'en fera des cavaliers, des coureurs,
» des tribuns et des centurions, des laboureurs pour
» ses terres, des moissonneurs pour ses blés, des
» fabricants d'armes et de chars. » Samuel semble menacer les Hébreux de la conscription.

« Il fera de vos filles ses parfumeuses, ses cuisi-
» nières et ses boulangères.

» Il s'emparera de vos champs, de vos vignes, de
» vos oliviers, et les donnera à ses serviteurs.

» Il lèvera des dixièmes sur vos moissons et vos
» vendanges, pour payer ses eunuques et ses do-
» mestiques.

» Il mettra en réquisition pour ses corvées,

» vos serviteurs et vos servantes, vos jeunes gens
» les plus robustes, et vos ânes; il lèvera la dîme
» de votre bétail, et vous serez ses esclaves. »

Samuel n'entre point en discussion avec le peuple; il ne remonte pas à des principes; il n'invoque ni le droit, ni la morale, ni la constitution. Il fait comme les démocrates de 93, il montre la royauté avec ses prodigalités, ses usurpations, ses vices, et sa tyrannie; il passe en revue son odieux cortége, et il s'écrie : *Voilà votre roi!*

Ainsi quand Moïse, instituant le sabbat, dit au peuple : *Tu sanctifieras le septième jour, parce que c'est le repos de l'Eternel qui t'a tiré de l'Egypte*, il ne faut pas croire, avec l'anglican Spencer et le calviniste Benjamin Constant, que sous ces paroles ne sont pas cachés d'autres motifs plus directs, plus humains, plus capables de satisfaire les scrupules d'une politique formaliste et positive; mais il faut reconnaître dans ce langage les nécessités de l'époque. Moïse, forcé de se perfectionner à l'intelligence de ses affranchis, choisit, entre toutes les raisons qu'il pouvait donner de ses commandements, la plus imposante et la plus formidable, et disons-le hardiment, en dernière analyse, la plus vraie, le seule vraie.

Mais je sens que mes paradoxes révoltent de plus en plus. Quoi! s'écrie sans doute quelque philosophe indigné, oser dire que Dieu se repose, qu'il se soucie de nos fêtes, qu'il faut observer le sabbat parce qu'il en donne l'exemple! appuyer des réglements, utiles si l'on veut, sur des révélations et des oracles, quand on prétend avoir de meilleures raisons! faire intervenir la Divinité là où le raisonnement seul est admissible! tromper les hommes au

lieu de les instruire, c'est ce qui s'appellera vérité !
Quelle philosophie est la vôtre? que prétendez-vous?

Infortuné, comment me comprendriez-vous, si vous ne me devinez pas? c'est que Moïse croyait à son propre Dieu ; c'est qu'il y croyait en son âme et conscience, et qu'il était pénétré de cette foi qui seule faisait son autorité et sa force; c'est qu'il adorait le premier, en esprit et en vérité, ce *Jéhovah* dont il s'était constitué le prophète. Mais son culte n'était pas celui du vulgaire.

Dieu, selon que le concevait Moïse; est Force vivante, Volonté efficace, Raison infinie.

Il est, il crée, il ordonne.

Être suprême, il est le principe de toute existence ; action et vie, il meut, anime et conserve; intelligence, il régularise toute création.

Les révolutions phénoménales du monde, qui toujours se détruit et toujours se répare, annoncent l'éternité et l'immutabilité de son être; la constance des lois physiques, la permanence des formes, le retour des mouvements attestent son inflexible vouloir; l'enchainement des causes et des effets, l'exacte disposition de chaque chose pour une fin, démontrent sa sagesse.

L'existence de Dieu ne se prouve ni *à priori*, ni *à posteriori*, parce qu'il n'a ni avant ni après. On le voit, on le sent, on le pense, on le parle, on le réfléchit, on le raisonne. Il est la nécessité; l'*alpha* et l'*oméga*, c'est-à-dire le principe et le complément de tout; il est l'Unique et l'Universel, embrassant toutes les vérités dans une chaîne infinie. Nous saisissons çà et là quelques anneaux, quelques fragments plus ou moins étendus de cette chaîne; l'immensité de son ensemble nous échappe. Quiconque émet une pensée, par cela seul nomme Dieu ; toutes nos sciences ne sont que des expositions partielles ou inachevées de la science absolue, laquelle est le *scitum* et le *fatum* de Dieu même.

Les organismes que Dieu crée sont disposés par lui de manière que, sortis de ses mains, ils accomplissent seuls leur destinée : ainsi les orbes célestes ont été pesés chacun pour la route qu'il parcourt ; ainsi les atomes se trouvent taillés pour toutes les combinaisons. Dans le végétal, la puissance assimilatrice ne se trompe jamais : on n'a pas encore vu la vigne produire des melons.

Les animaux sont doués de mémoire et d'imagination, et capables de quelque expérience : ils jouissent presque en naissant d'une raison toute développée et infuse, qu'on appelle instinct ; leurs mouvements sont spontanés, leur volonté est libre ; mais cette liberté n'agit que sous un ordre de lois, n'obéit qu'à une sorte d'impulsions, celles de la nature physique et sensible.

L'homme a de plus que les animaux, quant à la pensée, l'intelligence, qui réfléchit, compte, juge, raisonne, combine, généralise, classe et distingue ; quant au sentiment, la conscience qui lui dicte de nouvelles lois, souvent contraires aux appétits de la sensibilité. Le champ de la liberté humaine est double : éclairée par la raison, le chef-d'œuvre de cette liberté est d'harmoniser tous ses actes ; son plus grand effort, de sacrifier la passion au devoir.

La volonté de l'homme obéissant à deux impulsions différentes est en mouvement composé ; elle est donc sujette à dévier. Dans ce cas, l'homme est fautif et toujours malheureux. La direction de la volonté exige la surveillance la plus attentive et les tempéraments les plus délicats. C'est dans l'étude des rapports du physique, de l'intellectuel et du moral, que se découvre le meilleur mode d'éducation de la volonté.

Mais l'homme naît pour la société : il faut donc encore étudier les rapports des hommes entre eux, afin de déterminer leurs droits et de leur tracer des règles. Quelle complication !

Il y a une science des quantités qui force l'assentiment, exclut l'arbitraire, repousse toute utopie ; une science des phénomènes physiques, qui ne repose que sur l'observation des faits ; une grammaire et une poétique fondées sur l'essence du langage, etc. Il doit exister aussi une science de la société, absolue, rigoureuse, basée sur la nature de l'homme et de ses facultés, et sur leurs rapports ; science qu'il ne faut pas *inventer*, mais *découvrir*.

Or, admettant que les principes de cette science aient été fixés, toute application se fait par voie de déduction et de conséquence ; et l'on comprend comment Moïse, partant de l'absolu, ne trouvait à ses lois, pour raison dernière, que l'ordre de Dieu.

5 multiplié par 5 donne pour produit 25, pourquoi ? il est impossible d'en donner aucune raison, sinon que la chose est, que telle est la raison des nombres; que notre intelligence, dont les lois sont les mêmes que celles de la nature, en un mot Dieu, nous le fait ainsi comprendre. — Les corps pèsent sur la terre; pourquoi ? à cause de la gravitation. Et qu'est-ce que la gravitation ? l'ordre de Dieu, disait Newton. — L'acide nitrique éprouve une attraction plus forte pour le fer que pour le cuivre; pourquoi ? cela tient peut-être à la figure, à la densité, à l'arrangement différent de leurs atomes. Pourquoi les atomes de tous les corps ne se ressemblent-ils pas ? cela est,

Dieu l'a ainsi voulu. — L'élément du vers, en latin, consiste dans la prosodie et la mesure ; en français, dans la rime et la mesure ; pourquoi cette différence ? A cause de la diversité des idiomes. Mais, tandis que l'intelligence et les organes de l'homme restent les mêmes, d'où peut venir cette diversité ? D'une multitude de causes qui toutes aboutissent au décret du destin.

Pour gouverner les hommes, il ne s'agit aussi que de chercher l'ordre de Dieu. Tout ce qui rentre dans cet ordre est bon et juste ; tout ce qui s'en éloigne est faux, tyrannique et mauvais.

Il est juste de faire, ou pour parler plus juste, de découvrir et constater les lois économiques, restrictives de la propriété, distributives du travail ; pourquoi ? afin de maintenir l'égalité entre les conditions. Mais pourquoi les conditions seraient-elles égales ? Parce que le droit de vivre et de se développer entièrement est égal pour tous, et que l'inégalité des conditions est un obstacle à l'exercice de ce droit. Comment l'égalité des droits est-elle prouvée ? Par la parité des penchants et des facultés ; parce que Dieu, en les donnant à tous, n'a pas voulu qu'ils fussent étouffés ou asservis dans celui-ci au bénéfice de celui-là. L'égalité des fortunes est l'expression de la volonté divine, qui a réservé aux sociétés rebelles un châtiment terrible, la misère. Il s'agit de savoir comment cette égalité se réalisera : car elle n'est point pour nous l'objet d'une restauration, mais d'une institution.

L'ordre d'un individu ne saurait être compté pour quelque chose qu'autant qu'il est conforme à la raison : dans ce cas, ce n'est plus un homme qui commande ; c'est la raison, c'est la loi, c'est Dieu.

Nul n'a le privilége d'interposer sa volonté dans l'exercice légal du droit, de suspendre la loi ou de la sanctionner : donc toute royauté est contraire à l'ordre, c'est une négation de Dieu. Partout où existera la royauté, même assujettie à des règles, même bienfaisante et protectrice, elle ne sera qu'un abus que rien ne légitime, une usurpation qui ne peut prescrire ; son origine est toujours reprochable : elle est, si on me permet ce jargon scholastique, *ex ordine ordinando*, jamais *ex ordine ordinato*. — Il faut en dire autant de toute aristocratie et démocratie : l'autorité de quelques-uns sur tous n'est rien ; l'autorité du plus grand nombre sur le plus petit n'est rien ; l'autorité de tous contre un seul n'est rien, sans l'autorité de la loi, qui seule ne peut se contredire.

Il est bon que des hommes soient plus spécialement chargés d'instruire les autres, de leur rappeler leurs droits, de les avertir de leurs devoirs, d'enseigner les mœurs et la religion, d'élever la jeunesse, d'arranger les contestations et les différends, de cultiver les sciences, d'exercer la médecine. Ces hommes ne sont pas des maîtres, ce sont des instituteurs du peuple, des *démagogues* (1), ils ne commandent à personne ; ils disent ce qui doit être fait, et le peuple l'exécute ; ils n'imposent pas la croyance, ils montrent la vérité ; ils ne vendent ni ne donnent la religion, la philosophie et les sciences, car elles ne sont pas leur propriété ; ils n'en sont que les docteurs et les gardiens. Leur doctrine est vérité : tout ce qu'ils annoncent est parole de Dieu.

Il faut que de temps en temps l'homme se repose, qu'il se réjouisse même : il faut que son âme se nour-

---

(1) *Démagogue*, conducteur ou précepteur du peuple ; comme *pédagogue*, précepteur d'enfants ; *mystagogue*, maître des cérémonies sacrées.

risse et que son corps se répare. Quelle doit être la durée du travail? quels seront les intervalles de repos? les fériations seront-elles observées simultanément par tous les citoyens? quel profit d'hygiène, la morale, la famille et la république en retireront-elles? Interrogeons la volonté de Dieu.

C'est ainsi que procédèrent dans leurs fondations politiques tous les législateurs et les philosophes de l'antiquité. Jamais il ne leur entra dans l'esprit de scinder les devoirs de l'homme, de placer les uns sous la sauvegarde d'une justice armée du glaive, et d'abandonner les autres à la tutelle de la religion. Pour eux, toute prescription de morale était loi civile, et toute loi civile était sacrée. A l'égard des rites religieux, comme ces rites avaient tous pour principe un objet raisonnable et utile, les plus grands hommes s'y soumettaient, ne concevant point la vertu et la bienséance sans la règle, comme ils ne concevaient pas la justification sans les œuvres.

De l'unité de la loi résultait pour eux l'unité du pouvoir: de là vient que Jéroboam érigea un temple à Samarie, qu'Ozias voulut s'attribuer l'encensoir, qu'à Rome les consuls étaient en même temps augures et souverains pontifes, que plus on remonte dans l'antiquité, plus on trouve que les chefs des peuples réunissaient les trois qualités de rois, de prêtres et de prophètes. Mais bientôt toutes les notions s'obscurcirent; les usurpations entrèrent en foule dans le sanctuaire et dans le temple de la loi : rois et prêtres, chacun de leur côté, se firent un patrimoine du gouvernement et du culte, et tantôt se querellant, tantôt associant leurs intérêts, firent peser trop souvent sur les peuples le joug du fanatisme et de la tyrannie.

Moïse voulut épargner aux Israélites ces funestes inconvénients : il fonda une police qui, confiée à une race plus fidèle, l'aurait certainement conduite au plus haut degré de félicité intérieure et de force nationale ; mais le peuple, ne sachant être libre, voulut un roi... Or, l'établissement d'une royauté était chose tellement contraire à toutes les idées du législateur, tellement excentrique à son plan, que jamais les monarques juifs ne crurent pouvoir consolider leur puissance à côté d'une loi qu'ils n'avaient point faite et qui les gênait dans tous leurs mouvements. C'est ce qui explique cette idolâtrie opiniâtre, cette longue apostasie dans laquelle les rois de Juda s'efforcèrent d'entraîner la nation. Et, en effet, pour rentrer dans mon sujet, que je n'abandonne jamais lors même que je semble m'en écarter davantage, que pouvait-il y avoir de plus redoutable et de plus odieux pour les sultans de Jérusalem, que ces fêtes et ces sabbats, où le peuple était obligé par la religion de se réunir, de lire la loi, cette loi qui lui apprenait ce qu'il était, ce qu'était son souverain ? Comment supporter ces grandes solennités de la Pâque et des Tabernacles, qui, rassemblant toute la nation comme une seule famille, pouvaient la faire réfléchir sur sa force et sur la faiblesse du tyran corrupteur et liberticide ? Le schisme des dix tribus fut consommé dans l'une de ces grandes réunions ; Athalie fut renversée du trône pendant la fête de la Pentecôte ; les Machabées profitèrent d'une pâque pour soulever le peuple contre le roi de Syrie ; et ce fut encore à la même occasion qu'eut lieu la révolte des Juifs sous Vespasien. D'après les prescriptions de Moïse, le roi ne pouvait être qu'un président de république : cela résulte avec évidence des instructions données au roi dans le Deutéronome, et dont, jusqu'au temps de Josias, nul n'avait eu connaissance. Pour être roi, vraiment roi, comme l'entendaient les *melks* hébreux et comme on voulut toujours l'être, il fallait corrompre le peuple et le détacher des institutions : c'était, il est vrai, le conduire à sa perte et préparer la ruine du trône ; n'importe, les rois n'hésitèrent pas. La séduction fut consommée ; elle fut totale ; elle dura autant que la monarchie elle-même, puisque, au dire du quatrième livre des Rois, ce fut une nouveauté inouïe que la pâque célébrée sous Josias, et que, selon Esdras, la captivité avait duré soixante-dix ans, afin que la terre eût le temps de *se reposer et de célébrer ses sabbats*. Dès qu'une nation a des droits, même octroyés, elle est ingouvernable à une volonté qui veut marcher l'égale, sinon la reine de la loi ; parce que tôt ou tard la Charte accordée ou consentie se dresse contre la volonté qui n'est point elle, et lui fait opposition.

Dans l'origine, la religion était politique et science ; le sacerdoce fut donc aussi magistrature et enseignement. Toute organisation sociale est renfermée dans cette trilogie. Mais il a fallu que le prêtre devînt dogmatique et intolérant, que le juge fût violent et despote, que le philosophe, contempteur des prêtres et des rois, s'en fît persécuter et maudire ; il a fallu que l'humanité toute entière portât la peine de leurs folies, pour nous apprendre que la division des fonctions n'entraîne pas la scission des pouvoirs, et que s'il y a contradiction entre la raison et la conscience, entre la conscience et la loi, cette contradiction vient de nous. Aujourd'hui la paix est à la veille de se conclure : la loi civile reconnaît son insuffisance, et réclame l'appui de la religion ; la philosophie touche à la démonstration des mystères; la foi, sans rien abandonner de sa doctrine et de ses traditions, offre des explications rationnelles. Qui oserait dire que de ces concessions réciproques ne surgira pas quelque chose de plus grand que le code, la philosophie et la religion?

Qu'il y ait toujours, au sein de la patrie, une élite de citoyens, les premiers par la science et la vertu; que leurs fonctions soient d'instruire, de conseiller et de résoudre; qu'ils forment la plus grande et la plus glorieuse université; qu'ils donnent au peuple l'exemple perpétuel de l'égalité et du désintéressement; que leur récompense soit de s'entendre nommer *prudents entre les sages* et *pères de la patrie*.

Abolissons la royauté sans haine et sans vengeance, parce que de royauté nous sommes tous coupables; rejetons-la, non plus seulement comme vicieuse, prodigue, corruptrice et indigne, mais comme illégitime. On dispute sans fin: *Le roi règne et gouverne, le roi règne et ne gouverne pas.* Commençons par dire: *Il gouverne et ne règne pas;* et si nous ne sommes pas encore dans la vérité, du moins nous aurons fait un pas vers elle; car c'est le peuple qui est *pouvoir exécutif*, et c'est la loi qui donne l'investiture.

Et conservons, restaurons la solennité si éminemment sociale et populaire du dimanche, non comme objet de discipline ecclésiastique, mais comme institution conservatrice des mœurs, source d'esprit public, lieu de réunion inaccessible aux gendarmes, et garantie d'ordre et de liberté. Dans la célébration du dimanche est déposé le principe le plus fécond de notre progrès futur; c'est à la faveur du dimanche que la réforme s'achèvera.

Qu'il se lève du milieu de ses frères, avec toute

l'autorité de la vertu et du génie, le réformateur que quelques-uns attendent; qu'il vienne, puissant en paroles et en œuvres, convertir et châtier. Qu'il voie l'horreur de nos vices, qu'il écoute le récit de nos folies, qu'il pleure sur nos misères, et qu'il s'écrie : « La cause du mal est dans les idées : pour guérir le cœur, il faut corriger le cerveau. Pouvez-vous refaire votre entendement? pouvez-vous changer vos opinions, condamner ce qui vous plait, abhorrer ce qui vous fait rire, aimer et respecter ce dont vous ne vous souciez guère? Croirez-vous ces vérités que vous ne comprenez plus :

Le crime est imputable; la satisfaction nécessaire; la peine juste et légitime.

Le travail est obligatoire; la propriété n'est qu'usufruit; l'hérédité un mode de conservation des partages; la liberté est équilibre; l'inégalité de nature s'affaiblit par l'éducation et s'efface par l'égalité des fortunes.

Le mariage est exclusif et saint : toute fornication est un délit contre la nature, contre les personnes et contre la société.

La raison surveille le sens; la conscience impose un frein aux passions animales. Jouir n'est pas la fin de l'homme mortel, mais cultiver son âme et contempler les œuvres de Dieu.

Le mensonge est l'assassinat de l'intelligence; le serment est inviolable.

La loi n'est l'expression ni d'une volonté unique, ni d'une volonté générale; elle est le rapport naturel des choses, découvert et appliqué par la raison.

La sanction de la loi est en Dieu qui l'a donnée.

O citoyens, si vous ne pouvez supporter cette médication, si vous trouvez ce breuvage trop amer, cessez de vous plaindre, ne demandez point de remède et pourrissez dans votre corruption. Mais écoutez ce qui vous arrivera.

Le soleil ne luira ni plus ni moins de temps sur le sol que vous habitez; la rosée et les brises légères rafraîchiront de même vos champs et vos prés; vos arbres ne seront pas moins productifs, vos vignes pas moins fécondes; on ne verra pas davantage la grêle, l'inondation et l'incendie désoler vos villes et vos campagnes; les éléments ne seront pas vos bourreaux.

Mais l'opulence et la misère, compagnes inséparables, croîtront dans une progression sans fin; la grande propriété envahira tout; le paysan ruiné vendra son héritage; et quand il n'y aura plus que des maîtres et des fermiers, des seigneurs et des serfs, les premiers donneront aux seconds des habits, un logement et du pain, et ils leur diront: Voyez combien vous êtes heureux! qu'est-ce que la liberté et l'égalité? vive l'harmonie!

En ce temps-là les talents futiles et les arts de luxe seront récompensés sans mesure: on verra des chanteurs plus riches que ne le sont maintenant de gros villages; la journée d'une comédienne coûtera plus que cent boisseaux de blé dans une famine. Et la pauvre ouvrière, la femme du laboureur et de l'artisan sera humiliée.

Le mérite des femmes ne sera plus qu'une évaluation de la beauté; leur droit le plus sacré, de se livrer au plus offrant. Les riches les posséderont toutes, parce qu'eux seuls pourront les payer; les pauvres auront pour eux les êtres disgraciés et les rebuts de la luxure.

L'ignorance et l'abrutissement des prolétaires seront au comble : on ne les empêchera pas de s'instruire, mais ils ne pourront vivre sans travailler, et quand ils ne travailleront pas, ils ne mangeront rien. Si quelqu'un parmi eux annonce du talent, il sera encouragé, récompensé, *enrichi*; il entrera dans la haute classe et sera perdu pour les siens.

Le peuple, qui suit toujours l'exemple des puissants et des riches, ayant perdu le respect et la foi pour l'ancienne religion, qui du moins lui enseignait l'égalité des hommes devant Dieu, et pouvait lui faire soupçonner qu'ils sont aussi égaux sur la terre, parcourra tous les degrés d'une superstition matérialiste et panthéiste : et quand il se sera bien persuadé que Dieu est *Tout* et que tout est Dieu, alors il reviendra aux fétiches et aux manitous ; il adorera, *comme autrefois*, le bois et la pierre ; il croira à la vertu des reliques, et portera des amulettes ; et les riches, sous prétexte d'utilité et de tolérance, protégeront les dévotions nouvelles, disant : Il faut une religion au peuple.

Cependant il se rencontrera quelquefois des âmes fières, des hommes qui refuseront de découvrir leurs fronts devant le veau d'or : ceux-là voudront entrer en compte avec les favoris de la fortune. — Comment êtes-vous si riches et sommes-nous si pauvres ? — Nous avons travaillé, répondront les riches ; nous avons épargné, nous avons acquis... — Nous travaillons autant que vous ; comment se fait-il que nous n'acquérions jamais rien ? — Nous avons hérité de nos pères... — Ah ! vous invoquez la possession, la transmission, la prescription... eh bien ! nous appelons la force. Propriétaires, défendez-vous !

Et il y aura des combats et des massacres ; et quand force sera demeurée à la *loi*, quand les *révoltés* auront été détruits, on écrira sur leurs tombes ASSASSINS tandis que leurs victimes seront glorifiées MARTYRS.

Et cela durera jusqu'à ce que Dieu prenne pitié de vous.

Mais qui oserait aujourd'hui parler un tel langage? Gardons-nous de toute illusion. Certaines gens s'imaginent qu'au sein de l'humanité doit apparaître bientôt un grand personnage, un de ces êtres providentiels, comme on les nomme, qui résumera toutes les idées, dégagera la vérité de l'erreur; abattra les têtes des vieux préjugés, mettra de niveau toutes les opinions, et de sa forte main lancera l'actuelle génération dans une nouvelle ornière. Le XIX⁰ siècle ne passera pas, disent-ils, avant que ce que nous prédisons n'arrive. Quelques-uns vont plus loin : le grand homme est déjà venu ; Elie a passé sur la terre ; mais le monde ne l'a pas compris. Le Turc dit : Dieu est Dieu, et Mahomet est son prophète ; c'est une semblable profession de foi que font ces modernes *croyants*. Mais le temps des grands réformateurs aussi bien que des fondateurs de religion est passé pour jamais ; c'est aux sociétés à s'exécuter elles-mêmes : qu'elles n'attendent leur salut que de leurs propres mains. La vérité n'a jamais fait défaut aux hommes, mais souvent la bonne foi et le courage, pour la reconnaître et la suivre.

Pour moi, je n'ai placé ma confiance en rien de ce qui est nouveau sous le soleil ; j'ai foi en des idées aussi vieilles que le genre humain. Tous les éléments d'ordre et de bonheur, conservés par des traditions impérissables, existent : il ne s'agit que d'en reconnaître la synthèse, la méthode d'application et de développement. Comment l'humanité n'y a-t-elle pas encore réussi? C'est à l'histoire à nous l'apprendre.

Aussi bien qu'un autre j'en pourrais dire quelque chose ; mais, dans mon opinion, la philosophie de l'histoire n'existera que lorsque le problème social sera résolu. La vérité est nécessaire pour donner la raison définitive de l'erreur. Mais cette vérité elle-même pourrait-elle se trouver ailleurs que dans l'unité? C'est lorsqu'au plus furieux antagonisme aura succédé l'équilibre général, lorsque de la mêlée de toutes les doctrines sera née la science une et indivisible, lorsque les religions et les philosophies se seront embrassées sur l'autel de la vérité, c'est alors que nous pourrons nous écrier : Les temps d'épreuve sont finis, l'âge d'or est devant nous. Oui, l'humanité connaîtra qu'elle est entrée dans sa légitime voie, quand se regardant elle-même, elle pourra dire : Un seul Dieu, une seule foi, un seul gouvernement, *Unus Deus, una fides, unum imperium.*

FIN.

Besançon. — Imprimerie de Bintot.

www.ingramcontent.com/pod-product-compliance
Lightning Source LLC
LaVergne TN
LVHW050649090426
835512LV00007B/1117